中职生心理健康教育

于 海　崔玉雪　张汝刚 / 主编

延边大学出版社·延吉

图书在版编目（CIP）数据

中职生心理健康教育 / 于海，崔玉雪，张汝刚主编
. -- 延吉 ： 延边大学出版社，2024.4
ISBN 978-7-230-06392-0

Ⅰ．①中⋯ Ⅱ．①于⋯ ②崔⋯ ③张⋯ Ⅲ．①心理健
康－健康教育－中等专业学校－教材 Ⅳ．①G444

中国国家版本馆 CIP 数据核字(2024)第 076795 号

中职生心理健康教育

主　　编：于　海　　崔玉雪　　张汝刚
责任编辑：金倩倩
封面设计：文合文化
出版发行：延边大学出版社
社　　址：吉林省延吉市公园路 977 号　　　　邮　编：133002
网　　址：http://www.ydcbs.com
E - m a i l：ydcbs@ydcbs.com
电　　话：0433-2732435　　　　　　　传　真：0433-2732434
发行电话：0433-2733056
印　　刷：廊坊市海涛印刷有限公司
开　　本：787 mm×1092 mm　1/16
印　　张：17.5　　　　　　　　　　　字　数：170 千字
版　　次：2024 年 4 月　第 1 版
印　　次：2024 年 4 月　第 1 次印刷
ISBN 978-7-230-06392-0

定　　价：68.00 元

中职生心理健康教育

主　编：于　海　崔玉雪　张汝刚

主　审：耿仁书　杨合申　杨小燕　袁　蓉
　　　　汪　晨　于灵敏

副主编：于　娜　赵淑艳　孙　晓　赵鹏程
　　　　田方圆　郑炳涛　张　淑　仇祝正
　　　　曲丽霞

编　者：刘德生　刘　军　杨楚晨　王希贵
　　　　唐　辉　郭　滢　于　静　韩青妤

前　言

光阴飞逝，岁月流转。当中职生迈进中职学校的大门时，一些人会怀有激动的心情，而一些人是迫于无奈的选择，他们可能不了解自己所学的专业，也可能因没能考上理想的学校而有着强烈的自卑感和失落感……

但无论如何，中职生都处在人生最美好的时期，这是一个朝气蓬勃、充满活力的时期，是一个不断学习、不断成长、不断发展的时期。中职生如何更好地度过这一时期，更好地面对中职生活中遇到的各种困难与挫折，就是《中职生心理健康教育》将要阐述的内容。

本书从认识心理健康入手，进而让中职生走进自我意识、与情绪共处，逐渐探索人际关系，学会有效学习，通过不断学习和努力，最终塑造健全的人格，勇敢地面对人生中的挫折，帮助中职生培养自信心，塑造更好的自己。

在中职生成长的道路上充满各种挑战，生理的成熟、心灵的茫然、学业的压力、世俗的偏见、两代人间的代沟和情感的困惑等都可能成为中职生成长道路上的障碍。本书力求帮助中职生在自我了解、人际沟通、学习管理、情绪调节、问题解决和职业选择等方面有所指导、有所领悟、有所发展，也希望本书能给职业教育（含技工教育）工作者提供借鉴。

本书适于中等职业教育、技工教育院校使用。囿于笔者的能力水平，本书可能存在一些疏漏，在使用过程中如发现不当之处，还请批评指正，我们将做进一步修订。

目　录

第一章 认识心理健康

当我们来到这个世界，便有了自己的思想、自己的心灵。慢慢地，我们长大了。此时，烦恼斟来一杯苦酒：喝吧，尝一尝什么叫作苦恼；喜悦斟来一杯甘露：喝吧，尝一尝什么叫作欢乐。

我们有了自己的理想、睿智和力量，畅想着用彩虹和霞光编织的锦绣前程；我们也有了妒忌、自卑和彷徨，感受着欲望和失落编织的情感激荡……

终于，我们走进了自己的心灵。在这个完全属于自己的世界里，我们把自己的心灵和整个社会联结到一起。我们爱着微笑，爱着真诚，爱着芬芳的花草、清新的微风、柔和的月色，更爱着生命至高无上的尊严和价值。

第一节 初识心理健康

一、心理健康的含义

从广义上讲，心理健康是指一种高效而满意的、持续的心理状态。从狭义上讲，心理健康是指人的基本心理活动的过程内容完整、协调一致，即认识、情感、意志、行为、人格完整和协调，能适应社会，与社会保持同步。

关于心理健康的概念，国外学者有许多表述。

英格里士认为：心理健康是指一种持续的心理状态，当事者在那种情况下能做良好适应，具有生命的活力，并能充分发展其身心潜能。这乃是一种积极的丰富的状态，不仅是免于心理疾病而已。

麦灵格尔认为：心理健康是指人们对于环境及相互间具有最高效率和快乐的适应情况。不仅要有效率，也不仅要有满足之感，或是能愉快地接受生活的规范，而且需要三者兼具。

心理健康的人，应能保持平静的情绪、敏锐的智能、适应社会环境的行为和愉快的气质。

二、心理健康的标准

世界卫生组织在其宪章里对健康的定义是：健康是一种身体上、心理上和社会适应上的圆满状态，而不仅仅指没有疾病和虚弱的状态。

那么，心理健康的标准是什么？具体包括以下方面：

（一）有充分的安全感

安全感是人类很重要的一种需求。当然，要获得安全感，先要满足基本的物质需求。除了物质需求以外，精神上的稳定也是很重要的。心理健康的人在精神上有充分的安全感，不会患得患失，不会过分地依赖别人。缺少安全感的人每日生活在担心和惶惑之中，更容易衰老，也容易焦虑或者忧郁，从而引起消化系统功能失调，甚至产生身体疾病。

（二）充分了解自己

心理健康的人对自己有充分的了解，知道自己的优势是什么、不足在哪些方面；能够对自己的能力作出合理判断，知道自己的能力集中在哪些地方，能够把自己擅长的事情做好，避免自己陷入不擅长的领域，从而避免产生过大的压力。

（三）目标切合实际

心理健康的人能够观察自己所处的环境，在学习和工作上制定适合自己的目标，不会强求自己去完成不可能完成的任务，避免自己承受超负荷的压力。

（四）与外界保持良好互动

人是社会动物，每个人都需要与社会接触，这是人的基本需求。在融入社会的过程中，通过人际交往，人们可以观察和学习别人的处事方式，丰富自己的精神世界。同时，通过与其他人交往，也能让我们更好地学习如何适应环境。

（五）保持个性的完整和谐

每个人都带着独特性来到这个世界上，有一个很重要的任务，就是把自己的潜力充分挖掘出来，让自己能够绽放出独特的光彩，因此我们要学会保持自己的独特性，不要随波逐流，让自己的优势能够更好地、最大限度地发挥出来。

（六）具有一定的学习能力

现代社会发展较快，知识和技能都在不断地更新，我们只有不断地学习，才能跟上社会发展的脚步。在学习中，我们不仅要学习知识和技能，更要学习学习的方法，只有具备学习的能力，才能在竞争中立于不败之地。终身学习是现代社会对我们的基本要求。

（七）适度表达和控制情绪

每个人都有不同的情绪，会因为不同的情境而产生，愉快的情绪可以让我们保持身心健康，不愉快的情绪也是生活中的一部分。当产生不愉快的情绪时，我们要将其合理地表达和释放出来，但不能过分地发泄，更不能把自己的情绪发泄到别人身上，一定要做到与人无害。

（八）能够发挥自己的才能

每个人都有自己的才能，要积极地培养自己的兴趣和爱好，如有合适的机会，也可以在别人面前展示出来。

现代社会竞争激烈，人们的压力较大，导致一些人容易出现心理失衡、心理不健康状态，甚至产生疾病。而心理上的疾病也会导致身体上的疾病，所以保持心理健康是很重要的一件事。

青少年是社会中的重要群体，培养、促进青少年的心理健康有重要的社会意义，青少年心理健康的标准如下：

1.智力正常。

2.有情绪的稳定性和协调性。

3.有较好的社会适应性。

4.有和谐的人际关系。

5.反应能力适度与行为协调。

6.心理年龄符合实际年龄。

7.有心理自控能力。

8.有健全的个性特征。

9.有自信心。

10.有心理耐受力。

★自我检测★

1. 我因一些事而烦恼

最近一周出现这种情况的日子不超过 1 天（分数 0）

最近一周曾有 1～2 天出现这种情况（分数 1）

最近一周曾有 3～4 天出现这种情况（分数 2）

最近一周曾有 5～7 天出现这种情况（分数 3）

2. 胃口不好，不太想吃东西

最近一周出现这种情况的日子不超过 1 天（分数 0）

最近一周曾有 1～2 天出现这种情况（分数 1）

最近一周曾有 3～4 天出现这种情况（分数 2）

最近一周曾有 5～7 天出现这种情况（分数 3）

3. 觉得苦闷，难以消除

最近一周出现这种情况的日子不超过 1 天（分数 0）

最近一周曾有 1～2 天出现这种情况（分数 1）

最近一周曾有 3～4 天出现这种情况（分数 2）

最近一周曾有 5～7 天出现这种情况（分数 3）

4. 总觉得自己不如别人

最近一周出现这种情况的日子不超过 1 天（分数 0）

最近一周曾有 1～2 天出现这种情况（分数 1）

最近一周曾有 3～4 天出现这种情况（分数 2）

最近一周曾有 5～7 天出现这种情况（分数 3）

5. 做事时无法集中精力

最近一周出现这种情况的日子不超过 1 天（分数 0）

最近一周曾有 1～2 天出现这种情况（分数 1）

最近一周曾有 3～4 天出现这种情况（分数 2）

最近一周曾有 5～7 天出现这种情况（分数 3）

6. 自觉情绪低落

最近一周出现这种情况的日子不超过 1 天（分数 0）

最近一周曾有 1～2 天出现这种情况 （分数 1）

最近一周曾有 3～4 天出现这种情况 （分数 2）

最近一周曾有 5～7 天出现这种情况 （分数 3）

7. 做任何事情都觉得费力

最近一周出现这种情况的日子不超过 1 天 （分数 0）

最近一周曾有 1～2 天出现这种情况 （分数 1）

最近一周曾有 3～4 天出现这种情况 （分数 2）

最近一周曾有 5～7 天出现这种情况 （分数 3）

8. 觉得前途没有希望

最近一周出现这种情况的日子不超过 1 天 （分数 0）

最近一周曾有 1～2 天出现这种情况 （分数 1）

最近一周曾有 3～4 天出现这种情况 （分数 2）

最近一周曾有 5～7 天出现这种情况 （分数 3）

9.认为自己失败的

最近一周出现这种情况的日子不超过 1 天（分数 0）

最近一周曾有 1～2 天出现这种情况（分数 1）

最近一周曾有 3～4 天出现这种情况（分数 2）

最近一周曾有 5～7 天出现这种情况（分数 3）

10.感到害怕

最近一周出现这种情况的日子不超过 1 天（分数 0）

最近一周曾有 1～2 天出现这种情况（分数 1）

最近一周曾有 3～4 天出现这种情况（分数 2）

最近一周曾有 5～7 天出现这种情况（分数 3）

11.睡眠不好

最近一周出现这种情况的日子不超过 1 天（分数 0）

最近一周曾有 1～2 天出现这种情况（分数 1）

最近一周曾有 3～4 天出现这种情况（分数 2）

最近一周曾有 5～7 天出现这种情况（分数 3）

12. 高兴不起来

最近一周出现这种情况的日子不超过 1 天（分数 0）

最近一周曾有 1～2 天出现这种情况（分数 1）

最近一周曾有 3～4 天出现这种情况（分数 2）

最近一周曾有 5～7 天出现这种情况（分数 3）

13. 说话比往常少了

最近一周出现这种情况的日子不超过 1 天（分数 0）

最近一周曾有 1～2 天出现这种情况（分数 1）

最近一周曾有 3～4 天出现这种情况（分数 2）

最近一周曾有 5～7 天出现这种情况（分数 3）

14. 感到孤单

最近一周出现这种情况的日子不超过 1 天（分数 0）

最近一周曾有1～2天出现这种情况（分数1）

最近一周曾有3～4天出现这种情况（分数2）

最近一周曾有5～7天出现这种情况（分数3）

15. 人们对我不太友好

最近一周出现这种情况的日子不超过1天（分数0）

最近一周曾有1～2天出现这种情况（分数1）

最近一周曾有3～4天出现这种情况（分数2）

最近一周曾有5～7天出现这种情况（分数3）

16. 觉得生活没有意思

最近一周出现这种情况的日子不超过1天（分数0）

最近一周曾有1～2天出现这种情况（分数1）

最近一周曾有3～4天出现这种情况（分数2）

最近一周曾有5～7天出现这种情况（分数3）

17. 哭泣过

最近一周出现这种情况的日子不超过 1 天（分数 0）

最近一周曾有 1～2 天出现这种情况（分数 1）

最近一周曾有 3～4 天出现这种情况（分数 2）

最近一周曾有 5～7 天出现这种情况（分数 3）

18. 感到忧愁

最近一周出现这种情况的日子不超过 1 天（分数 0）

最近一周曾有 1～2 天出现这种情况（分数 1）

最近一周曾有 3～4 天出现这种情况（分数 2）

最近一周曾有 5～7 天出现这种情况（分数 3）

19. 觉得人们不喜欢我

最近一周出现这种情况的日子不超过 1 天（分数 0）

最近一周曾有 1～2 天出现这种情况（分数 1）

最近一周曾有 3～4 天出现这种情况（分数 2）

最近一周曾有5～7天出现这种情况（分数3）

20.无法继续日常工作和学习

最近一周出现这种情况的日子不超过1天（分数0）

最近一周曾有1～2天出现这种情况（分数1）

最近一周曾有3～4天出现这种情况（分数2）

最近一周曾有5～7天出现这种情况（分数3）

结果分析：

1.0～16分为轻度心理困扰。

你可能有轻度的心理困惑，可尝试进行自我心理调整来解决困扰，这不会对你的心理健康产生影响。

2.17～60分为严重心理困扰。

你有较严重的心理困惑与烦恼，仅靠自身进行心理调整已经有些困难了，应该去专业的心理咨询机构进行心理咨询。

第二节 影响心理健康的因素

直接引起心理问题的外在的、客观的因素，主要包括家庭因素、学校因素、社会因素和其他因素。

一、家庭因素

国内外大量研究表明，不良家庭环境因素，容易造成家庭成员的心理行为异常。这些因素主要有：家庭成员不全，如父母死亡、父母离异或分居、父母再婚等；家庭关系紧张，如父母关系、父母子女关系、兄弟姐妹关系不和谐，使家庭情感气氛冷漠、矛盾冲突频繁等；家庭教育方式不当，如专制粗暴、强迫压服、溺爱娇惯、放任自流等；家庭变迁、出现意外事件等。

二、学校因素

学校是学生学习、生活的主要场所，对许多学生来说，大部分时间是在学校中度过的，因此学校生活对学生的身心健康影响极大。学校因素主要有学校的教育条件、学习条件、生活条件，以及师生关系、同伴关系等。这些条件和关系，如果处理不当，就会影响学生的身心健康发展。常见的学习负担过重、教育方法不当、师生情感对立、同学关系不和等，都会使学生心理压抑、精神紧张，如果得不到及时调适，就容易造成学生心理失调，导致学生出现心理障碍。

三、社会因素

社会因素主要包括政治、经济、文化教育、社会关系等。这些因素对一个人的生存和发展起着决定性作用，其中，社会生活中的种种不健康思想、情感和行为，会严重毒害学生的心灵。在当前，人与人之间的交往日益广泛，各种社会传媒的作用越来越大，社会不良公共事件增多，社会生活矛盾、冲突、竞争加剧等，都会加重学生的心理负担和内心矛盾冲突，从而影响其身心健康。

四、其他因素

影响一个人心理健康的其他因素，主要有以下方面：

第一，单调、重复的工作及学习活动。长期从事某项单调、重复的工作，学习某些单调乏味的课程，容易使学生产生乏味心理，从而失去对工作和学习的兴趣，甚至还会产生厌恶感。

第二，工作、学习环境和条件的变化。人们在自己熟悉的环境和条件下工作、学习，往往会应付自如。在这种情况下，人们性情开朗，工作、学习的效率也高。但是，一旦变换工作、学习环境和条件，少数人就会出现某种不适应感。这种不适应感的心理反应主要是指他们在新的环境和条件下与新的同伴相处发生困难，并且不能很快地调整自己，从而降低了工作和学习效率，这又会进一步加剧这种不良心理反应，形成恶性循环。

第三，人际关系紧张。有的人缺乏较好地处理人际关系的能力，因此人际关系显得有些紧张，常常表现出愤怒、不安、忧虑、失望等不良情绪。

第四，突发性生活事件。突患重病、父母离异、失去亲人或其他无法预知的突发性生活事件，会给人造成心理创伤。

第五，长期应激。一些人由于长时间地工作和学习，导致其精神长期处于高度紧张状态，得不到松弛，例如考试前夕的紧张复习，容易引起学生生理机能和心理功能平衡失调。

以上介绍，目的在于帮助中职生了解影响人的心理健康的因素，使其更加清楚地意识到自己周围各种不利因素的存在，能够及时排除或减弱它们对自己的负面影响，从而更好地维护自己的心理健康。

第三节 怎样提高心理健康水平

有人认为职业教育是技能教育，也有人认为职业教育是就业教育，虽然职业教育有其特殊性，但仍然属于教育范畴，促进学生全面发展、健康成长仍然是职业教育的根本任务，并且与学生的技能成才相辅相成。

心理健康对于人才的培养具有重要的意义，能够发挥每个人最大的聪明才智，能够促进智力与性格、知识与能力的和谐发展。

当中职生处于健康的心理状态下，就会充分地发挥其聪明才智，使其大脑在最佳的状态下发挥能力，使各种潜能得到充分展现，反过来也有利于其良好性格的形成与发展。

在中职生成长的过程中，由于受到各种因素的影响，一些中职生可能会产生各种各样的心理疾病。我们应当及时采取适当的教育措施，重视中职生的心理健康教育，以有效预防中职生心理疾病的产生，消除产生心理疾病的各种因素，从而阻碍疾病的产生和发展。

中职生是一个庞大的特殊群体，由于心理问题的复杂性，再加上他们承受的就业压力及当前社会一些人对职业教育的偏见、对中职生的歧视等，特别需要我们重视中职生的心理健康教育。

教育的目标就是培养身体、心理、技能全面发展的人才，因此我们必须重视中职生的心理健康教育，以保证中职生的身心健康发展。

那么，怎样维护和促进中职生的心理健康呢？

一、对中职生进行专门的心理健康教育

在中职学校开设专门的心理健康教育课程，可以帮助中职生了解心理科学知识，掌握一定的心理调节技术。

心理健康教育课程可以分为两部分，即心理卫生与健康理论部分和实际训练操作部分。前一部分为心理健康知

识普及，后一部分是在中职生中开展心理健康教育最为有效的方法。

心理健康教育课程实际训练操作内容包括角色扮演、相互询问、人际交往训练，帮助中职生掌握一些转移情绪、宣泄痛苦、发泄愤怒、克服自卑、树立自信心的心理调节手段，以防患于未然。

二、设立悄悄话热线信箱

设立悄悄话热线信箱，对促进中职生心理健康教育是十分有利的，这对于一些不善于进行面对面谈话交流的学生来讲十分便利，可以免去他们的顾虑。

中职生可以在信件中将自己的思想和疑惑表达得更加清晰，通过这个邮箱发送给教师，可以促使教师更有针对性地解决学生的心理健康问题。

三、设立心理辅导室，进行心理咨询与治疗

大多数中职生对提高心理健康水平的要求日益迫切，各学校设立心理咨询服务室势在必行。

无论是在城市，还是在乡村，中职生已开始从拘束、害羞地走进学校心理咨询室的大门逐渐发展为落落大方地进行心理咨询，从试探性的谈话到充分倾吐心中的烦闷，中职生越来越愿意敞开心扉，将自己的情绪和疑惑表达出来。

时代的发展显示出开展心理咨询与治疗服务已不是个别中职生的要求，而是一种教育趋势了。

心理咨询要想取得良好的效果，关键在于咨询教师要信任学生、理解学生，还要遵循聆听、保密、疏导、交友的原则，这样才能在学生与咨询教师间建立起相互信任的关系。

信任关系是心理咨询取得成功的基础，只有在信任的基础上进行双方情感与心理方面的沟通和交流，才能达到心理辅导转化教育的效果。

有些中职生是需要进行心理治疗的，因此心理咨询教师要有意识地与困于心理问题的中职生建立起关心、尊重、了解和指导关系，应用适当的心理治疗方法，减轻或消除中职生的不良心理现象和不适行为，使其恢复心理健康。

★资料卡片★

心理咨询的作用，包括以下五个方面：

一、倾诉心声。倾诉是人的一种心理需要，它能帮助人们缓解心理压力，这是分析问题和解决问题的前提。朋友、同学和亲人都可以成为倾听自己心声的人，但也有不方便、不适宜的时候。而与自己没有亲缘、利害关系的心理咨询教师能够耐心倾听自己的诉说，并且该教师还有心理学专业知识，能够帮助自己分析问题、排忧解难。

二、辨明问题。人的心理问题有各种类型和性质，许多心理问题并非心理疾病，而是由纷繁复杂的社会生活引发的。心理咨询教师会与学生一起分析所面临问题的实质，找出引发问题的原因。

三、磋商对策。当一个人处于生活的旋涡之中，在精神压力的重负下，其思路常常会被堵塞，而心理咨询教师处于旁观者的角度，他的头脑冷静、思路较为开阔，能够给学生提出一些合理化的建议，帮助学生打开理解问题和解决问题的思路。

四、平衡情绪。进行心理咨询，可以给学生提供宣泄压抑情绪的机会，帮助辨明自己所遇到问题的性质，并且商量出解决这些问题的对策，使学生的紧绷情绪得到缓解，心态逐渐平和。

五、促进成长。学校心理咨询的性质属于发展性咨询，目的在于助人成长，即不仅要帮助学生处理好当前遇到的问题，更要通过处理当前的问题提高学生的认知水平，增强学生的自信心，发展和完善学生的人格。

学校心理咨询的意义在于两个方面：

一方面，要让学生理解痛苦和快乐始终是与人的生活相伴的；另一方面，要帮助学生掌握灵活应对生活的方式，解决生活中的困扰，学会与各种情绪相处，增加忍耐力，治愈心理创伤，缓解因心理痛苦而引起的生理不适，增强面对痛苦、不幸和灾难的勇气，在痛苦中依然保持积极向上、追求快乐和幸福的热情，在平凡的生活中挖掘小惊喜，用心让平凡的生活开出幸福的花朵。

四、对学生和家长展开心理健康知识宣传

研究表明，学生的心理健康问题与家庭的教养方式和家庭的人际关系有直接或间接的联系，有些是家庭问题的表现和延续。因此，无论是了解学生心理与行为偏异的原因，还是咨询、矫治计划的制订与实施，都需要取得家长的积极支持和配合，学校心理健康教育就要兼顾对学生家长进行心理健康知识宣传。

★课堂活动★

说一说你喜欢哪种心理咨询方式，为什么？

第二章 走进自我意识

"我就是我，是颜色不一样的烟火。天空海阔，要做最坚强的泡沫。我喜欢我，让蔷薇开出一种结果。孤独的沙漠里，一样盛放得赤裸裸。"这首名为《我》的歌曲唱出了每个人都是独一无二的，也唱出了每个人对想要扮演角色和人生的不同态度。

我们会经常这样思考：我是谁？我的性格是什么样的？我的兴趣是什么？我的优势是什么？我有什么样的发展空间和发展机会？我希望自己成为什么样的人？这类问题让我们不断地认识、审视、塑造自己。

关于认识自己这件事，越早开始越好。这样，我们就可以早点成为更好的自己，也可以更好地成就自己。

第一节 什么是自我意识

刚出生的时候，我们都不知道有一个"我"的存在。在父母的呵护中，我们飞速地成长，到 1 周岁左右，才开始有了"我"的意识，即我要吃、我要玩、我要自己走路、我要爸爸妈妈……随着身体的发育和心理的发展，关于"我"的意识内容不断丰富，最终关于"我"的意识破茧而出，这就是"自我意识"的觉醒。

一、自我意识的概念

自我意识是意识的一种形式，是指主体对自身的意识。它包括对自身机体及其状态的意识，对自己肢体活动状态的意识，对自己的思维、情感和意志等心理活动的意识，自我观念、自我知觉、自我评价、自我体验、自我监督和自我调控等是其重要内容。

自我意识的发展过程，是个体不断社会化的过程，是个性特征形成的过程。

自我意识是人的个性结构的重要组成部分，是人的个性结构中的自我调节系统。因此，良好的自我意识对人的良好个性的形成起着至关重要的作用。

在中职生的自我意识各要素中，自我评价能力起着最为关键的作用。青少年的自我评价能力是自我意识发展水平的主要标志。

二、自我意识的分类

从形式上看，自我意识表现为认知的、情感的和意志的三种形式，分别称为自我认识、自我体验和自我调控。

（一）自我认识

自我认识是指一个人对自己各种身心状况的认识，是自我意识的认知成分，指个体对生理自我、心理自我和社会自我的认识。它包括自我感觉、自我观察、自我观念、自我分析和自我评价等层次。自我概念和自我评价是自我认识中最主要的方面，集中反映了个体自我认识乃至自我意识的发展水平，也是自我体验和自我调控的前提。

自我认识主要解决"我是一个什么样的人"的问题，就个体对自我的认知来看，主要包括对生理自我、社会自我和心理自我的认知，从而构成一个统一的、整体的自我认知，并在此基础上进行自我评价，例如，我是一个相貌平平的人、我是一个善于交际的人、我是一个心理素质很好的人、我是一个幽默的人等。

（二）自我体验

自我体验是自我意识的情感成分，在自我认识的基础上产生，反映个体对自己所持的态度。它包括自我感受、自爱、自尊、自信、自卑、内疚、自豪感、成就感和自我效能感等层次。其中，自尊是自我体验中最主要的方面。

（三）自我调控

自我调控是自我意识的意志成分，指个体对自己心理活动和行为的调节与控制，包括情绪、思维、注意力、动机和行为等方面的调节。

自我调控是个体意志品质的集中体现，我们常说的自制力，就是自我调控能力。从某种意义上来说，自制力的优劣，决定着学习、工作和生活的成败。

自制力强的人在控制方面就会表现出自觉、自立、自主、自制、自强、自信和自律，在任何阶段都有明确的追求目标，能够很好地克制自己的情绪，行为主动而有节制，有责任感，遇事沉着冷静、果断而坚毅，做事决不半途而废。

自制力差的人往往目标不清，易受暗示，缺乏主见，优柔寡断，对自己的情感和行为都缺乏控制能力，凡事都难以坚持到底。

总之，自我认识、自我体验与自我调控之间相互联系、相互制约，统一于个体的自我意识之中。自我认识是其中最基础的部分，决定着自我体验的主导心境和自我控制的主要内容；自我体验又强化着自我认识，决定了自我调控的行动力度；自我调控则是完善自我的实际途径，对自我认识、自我体验都有着调节作用。这三个方面整合一致，便形成了完整的自我意识。

三、中职生自我意识的表现

（一）强烈关注自己的外貌和风度

处于青春期的中职生的自我兴趣首先表现在关注自己的身体形象上，他们强烈渴望了解自己的体貌，如身高、胖瘦、体态、外貌和品位，并喜欢在镜中研究自己的相貌和体态，注意仪表风度。

处于青春期的中职生特别注意别人对自己打扮的评价，如果他人对自己打扮的评价良好，就会体现出自我欣赏的满足感。此外，一些中职生对自己某些不令人满意的外貌特点，会产生极度焦虑。

（二）特别重视自己的能力和学习成绩

中职生的能力和学习成绩影响着他们对自己能力、在群体中的社会地位和自尊的认识，并逐渐影响自我评价。因此，能力和学习成绩是中职生关注自我发展、体现自我价值的重中之重。

（三）强烈关注自己的个性成长

中职生认认真真地看待自己个性特点中的优缺点，在自我评价中，也将个性是否完善放在首要地位，对他人针对自己个性特征的评价非常敏感。

（四）有很强的自尊心

中职生在受到肯定和赞赏时，在内心深处会产生强烈的满足感；在受到批评和惩罚时，会感到遭受重大打击，容易产生强烈的挫折感。这是学校和家庭教育不可或缺的心理依据。

四、正确地认识自我

一是要愉快地接纳自己。中职生自己要比别人更爱自己，不仅要对自己的一切有充分的了解和正确的认识，而且要坦然地承认、欣然地接受，不能欺骗自己、排斥自己、拒绝自己，更不能愤恨自己。

孔子曰："君子坦荡荡，小人长戚戚。"从心理学的角度看，就是君子能自我悦纳、心情开朗，而小人则不能接纳自己，故常自苦、自危、自惭、自卑、自惑，乃至自毁。悦纳自己是一种心理状态，与客观环境并不完全相关。有些人虽然有生理缺陷，但是很乐观；有些人虽然五官端正、相貌堂堂，却不喜欢自己；有些人并不富裕，却知足常乐；有些人有钱有势，却不常有快意。

二是要学会欣赏自己。在生活中，有人太重视自我，有人太轻视自我。太重视自我者往往目中无人，狂妄自大，久而久之酿成大祸。太轻视自我者往往丧失信心，甚至自甘堕落。怎样认识自我、发现自我的优势、正确评价自我、正确发挥自我，这不是一件小事。人是不断变化发展的，我们需要不断更新、不断完善对自己的认识，才能使自己变得更好、更完美。

★资料卡片★

悦纳自己

打起伞，让身影似有似无地融入雨中。天，其实并非阴沉，往事只是婉约如矜持的年轮，恋恋不舍地轻辗而过，留下一串痕迹，浅浅地浮在岁月的脸边。

不过是一个简短的故事：扁担两头分别挂着一个木桶，其中一个完好无损，另一个却裂开了一条缝。挑夫每天都挑着这两个桶到很远的地方挑水。每次，他打上满满两桶水，等到挑回家，水就只剩下一桶半了，因为有裂缝的木桶把许多水洒在了路上。完好无损的木桶总因自己能够多挑水而自豪，有裂缝的木桶总感到自卑。

终有一天，有裂缝的木桶对主人说："你还是别用我盛水了，再找个好点的木桶吧。""为什么？"挑夫问。"你每天跑那么远去打水，可总是因为我的缺陷而浪费半桶水。"有裂缝的木桶说着，又溢出了水。然后，它慢慢吞吞地说："实在对不起。"挑夫爽朗地笑了笑，对有裂缝的木桶说道："你别太自责，现在你好好留意一下路边的花草，正是因为你帮忙给它们浇水，才使它们长得那么繁茂。你的确有缺陷，但你的缺陷是可以为世界带来美好的。"

故事完了，我却在久久思索，似乎明白了为什么自己的成绩总达不到父母的标准，为什么自己总是粗心大意，为什么自己有那么多缺陷与不足。这或许是随着年龄的增长，越来越抱怨自己的缺陷与不足，以至于总是多愁善感的样子。

自己曾经犯过错误，也伤害过别人，也接受过惩罚，但我知道，人永远都不可能做到"最好"，总不能悦纳有缺点的自己。直到看完这个故事，我才渐渐懂得"金无足赤，人无完人"，不要总苦恼自己身上的缺点与不足，换个角度想一想，正是因为自己身上优缺点的存在，才构造了一个完整的自己。

有一句话是这样说的："用你的笑容去改变这个世界，别让这个世界改变了你的笑容。"既然每个人都不完美，那又有什么好抱怨的呢？用自信悦纳自己，以微笑面对生活，这才是我们该有的生活态度。

脚步匆匆，那些微雨朦胧在伞下的记忆，早已定格成心灵暗角里虚弱的影子，请接受自己的不完美，好好地悦纳自己吧！

课后练习

1.什么是自我意识？

2.中职生自我意识的觉醒表现在哪些方面？

第二节 接纳自己

一、自我接纳的含义

自我接纳是指个体对自我及其一切特征采取的一种积极的态度，简言之，就是能欣然接受现实自我的一种态度。

自我接纳包含两个层面的含义：

第一个层面是能确认和悦纳自己身体、能力和性格等方面的正面价值，不因自身的优点、特长和成绩而骄傲。

第二个层面是能欣然正视和接受现实自己的一切，不因存在的某种缺点、失误而自卑。

自我接纳是个体心理健康的一项重要标准。自我接纳包括接受自我和接受他人，以及接受自己所处的现实环境。

自我接纳的程度，对个人能力、成就、外貌、身体、人际关系和道德等方面的认知判断产生重要影响，自我接纳的程度不同，个人喜爱或不喜爱自己的程度也不相同。

自我接纳与自尊紧密相关，自我接纳程度高的人，自尊相对较高。自尊需要得到满足，它会使人感到自信，体验到自我价值，从而产生积极的自我肯定。

二、不接纳自己时，会有哪些表现

表现一：当一个人不接纳自己时，他一定同时有着自怨自艾的行为，嘴上说着自己一无是处，其实潜在意识是在责怪世界不够给自己让路。

表现二：把所有的人之常情看作个人自控力不够，产生自我攻击，一再消耗自信，情况愈加恶劣。

表现三：通常只看得到自己的那一圈小宇宙，在本质上，对世界和他人并不关心。

表现四：过于强调自己，并认为自己的缺点是与生俱来的不幸，是独一无二的存在，不会想到这也是他人的必经之路。

表现五：不自觉地与他人进行比较，有时会以他人的长处来比较自己的短处，然后不断地印证自我负面评价。

表现六：易被困难击倒，遇到挫折的第一反应是逃避，而不是战胜困难，因为他们觉得自己根本无法战胜挫折和困难。

表现七：强化任何问题的负面影响，弱化或忽视其正面影响。

表现八：这类人多数性格内向，朋友不多。

表现九：这类人在小时候父母对其要求过于严苛，习惯性地否定自己。

三、如何做到接纳自己

（一）不给缺点放大镜

很多时候，一些中职生习惯自责、习惯贬低自己，不是因为自身缺点有很多，而是因为这些缺点所导致的负面结果。所以，对于自身的缺点，中职生不要采取规避或恐惧的态度，更不要强化它所带来的负面影响。

（二）自我接纳不是自暴自弃

自我接纳是在客观看待自己的基础上，充分地对自己负责，不再让劣势成为前行的绊脚石，而是将自身的优势发挥到最大。

自暴自弃则是对"本我"的自我放逐，放弃一切能变好的可能性，怎么痛快怎么来，完全趋于原始化。自我接纳不是自暴自弃，而是正确地看待自己。

（三）跟过去的自己和解，有能力把目光投向未来

从心理学的角度来看，很多不自我接纳的中职生，是因为在童年时期未被父母很好地接纳。因此，中职生真正做到自我接纳，一定要度过这个坎儿，不让过去的不幸成为未来的负累，跟过去的自己和解，有能力把目光投向未来。

（四）客观地看待自己，合理地对待生活

真正的自我接纳是这样的：让你说出自己的优点，你会理智、客观地说，不会夸大其词；让你说出自己的缺点，

你也能有一说一，不带任何偏见。因此，客观地看待自己，合理地对待生活，才是中职生应有的态度。

★名人名言★

如果你可以意识到自己心里面发生了什么事，并且是源于什么原因，那么你的自我认知能力就会得到很大提高，你会成长为另一个完全不同的人，也再不会放弃自己。

——阿尔弗雷德·阿德勒（奥地利的精神病学家、医学博士、精神分析学派代表之一、个体心理学创始人）

★讨论区★

@青椒：接纳自己，从感受自己当下的情绪开始，无论是好的情绪，还是坏的情绪。

@萤火凡尘：最高级的自爱，是尊重自己的感受，追求内心的自由，成为自己。我不需要努力来向谁证明我有能力过我的生活，我就是我的生活。就像简里里所说的那样，

"一切成为自己的努力都值得"。

@千年老妖：自爱意味着关怀、自尊、责任和对自我的了解。如果一个人不爱自己，就不可能爱别人。都说小孩子可以真实地活着，那么就可以尝试让自己做一次孩子，这也是自爱的最低成本。当自己被各种负面情绪包围时，能够心疼自己、爱自己，而不是消极退行，成为不负责任的、长不大的孩子。

@含星：自爱往往与自悟并行，在浩如烟海的经典中选取感兴趣的、现实需要的去阅读，最有受益。

通过阅读，人会不自觉地对比过去的自我去印证学习，日积月累的体悟会帮助人追溯经历中各种行为习惯的脉络，开始觉察并放下狭隘自我的执念。改变不是那么容易的，但源于自爱的觉悟可以持久而坚定地引领一切去发生。

@衡兰芷若：不知从什么时候开始，我允许自己不再那么追求完美，我变得自我接纳了许多。

当我有点小情绪时，当我有无力感时，我很快就能察觉到，好像从那一刻开始就变得安静了。

我不像以前那样与人辩论了，接纳了每一个曾经，让我不纠结、不内耗。

我更加地平和了，放下了许多比较，比较的时候太消耗能量了，而自我认同会瞬间拉升我内在的力量，让我有勇气、有能力去坦然面对生活的种种无常。

我接纳当下的我的样子，做自己喜欢的、想做的事，看书、做瑜伽、听音乐、散步都让我心安、愉悦。

我不再在乎别人的质疑，每个人都有自己的选择，当我对自己有足够的认同时，我发现人间更加值得。

★资料卡片★

欣赏自己的芳香故事

有一个年轻人，很想做出一番成就来。开始，他总是尝试着鼓足勇气去做每件事情，渐渐地，他就对自己失去了信心，结果一事无成。后来有一个机会，他去拜访了一位成功的长者，他希望从长者那里获得一些成功的启示。

长者问了他一个无关的问题："如果现在我送你'芳香'两个字，你首先会想到什么呢？"

思忖了一会儿，年轻人回答说："我会想到糕点，虽然我开办不久的糕点店已在前些日子停业了，但是我仍会想到那些芳香四溢的糕点。"

长者对他点了点头，然后便带他去拜访一位动物学家朋友。见面以后，长者问了对方一个相同的问题。

动物学家回答道："这两个字，首先会让我想到眼下正在研究的课题——在自然界里有不少奇怪的动物，用身体散发出来的芳香做诱饵，来捕捉食物。"

之后，长者又带他去拜访一位画家朋友，还是问了对方这么一个问题。

画家回答道："这两个字，会使我联想到百花争艳的野外、翩翩起舞的少女。芳香，能够给我的创作带来灵感。"

从画家的家中出来，年轻人仍然不明白长者的用意。

在返回的途中，长者又带年轻人去拜访了一位久居海外刚刚回国探亲的富商。在谈话中，长者也问了对方这么一个问题。

富商动情地说："这两个字会使我联想起故乡的土地。故乡土地的芳香，令我魂牵梦绕。"

辞别富商之后，长者才问这个年轻人："你已经见过不少出众的人物了，那么他们对'芳香'的认识与你相同吗？"年轻人仍不解地摇了摇头。

长者继续问道："他们对芳香的认识有相同的吗？"年轻人又摇了摇头。

长者接着说："其实，每个人都有自己的芳香啊！"年轻人听到后恍然大悟。

在生活中，我们每个人都有与众不同的芳香，你和我都一样，都拥有自己的芳香。

为什么我们现在做得不像别人那么出众呢？

那是因为我们只是在看别人如何欣赏自己的芳香，而把我们自己的芳香给忽视了。

课后练习

试着去接纳原来你不接纳的人或事。

第三节 增强自控力

一、自控力的含义

自控力，即自我控制的能力，是指一个人对自身的冲动、感情和欲望，面对一些事物、突发事件、感情问题和金钱权利等情况时，而进行的自我控制。

广义的自控力是指对自己周围的事件、对自己的生活和事业的控制感。它是能否支配自己的一种能力，体现在一个人能否支配自己而取得成功或者获得失败、能否支配自己的人际关系、能否支配自己的人生走向等方面。

中职生正处于人的发展时期，如何提高自控力、做个上进的人呢？

提高自控力是一件很有挑战性的事。如果一个人能够采取正确的处事方式，就能控制好自己；如果能管控好自己及自身行为，就会更好地把握人生，更有自信。

中职生提高自控力的方法如下：

（一）协议监督

[案例]小刘同学，初二男生，学习成绩中等，头脑聪明，易受外界不良诱惑的影响，好冲动，经常打架。小刘给老师、给家人写了不少保证书，但由于自制力较弱，一份保证书管不到三天。后来，班主任想了一个办法，即让小刘和班长结对子。班长学习成绩较好，人品不错，小刘很敬重他。小刘和班长订下协议，他将自己非常喜欢的、平时不让别人碰的一个玩具交到班长手里，如果在两周内小刘有一次打架行为，这个玩具就归全班同学所有。协议一式三份，两人各保留一份，班主任留一份。每当小刘有打架的苗头时，班长就告诉他还有协议放在班主任那儿，

小刘打架的念头就会被班长的及时提醒所打消。

[分析]协议监督是个好办法，由自己身边的人及时向自己施加压力，外在的压力有利于提高自我控制力，但所请的监督方必须是认真负责且信得过的人。

（二）远离诱惑源

[案例]小张同学，初三男生，喜欢上网打游戏，一打游戏就是大半天，把作业放在一边，初三第一次月考，他的学习成绩大幅下滑。小张让父母把电脑搬出他的卧室后，他写作业时的注意力更加集中了，诱惑源没有了，再也不会身在作业心在游戏了。

[分析]对于有不良嗜好的人来说，切断诱惑源是个很好的办法，釜底抽薪，撤去分心物，能集中精力做自己要做的事。

（三）负面后果联想法

[案例]小王同学，初三女生，邻班有一个帅哥向她"放

电"，小王也很喜欢这个帅哥，帅哥写信邀她在学校操场见面。小王本想去，但想到如果被同学看见，就会传到老师和家长那里，后果不堪设想，就拒绝了。后来，帅哥又多次"示爱"，遭到小王的严词拒绝。

[分析]小王用负面后果联想法阻止了内心的冲动，成功抵制了外界的不良诱惑，避免陷入早恋的泥潭。

负面后果联想法，是指当事人联想到在某件事上如果缺乏自制力所导致的严重后果。

（四）自我暗示

[案例]小李同学，初一男生，不喜欢写作文，每次写作文只草草写两段，不能坚持写完。后来，他在语文老师的指导下，对自己进行了积极的暗示。每当写作文想中途放弃时，他就暗示自己"我能写出满意的作文""我是个不轻言放弃的强者"，他很快就会打起精神，坚持写完作文。

[分析]积极的自我暗示有利于自己改变过去消极的

自我意象，以令人奋进的积极形象要求自己，激发出向上的力量。

二、提高长远的自控力

（一）列出你想控制的习惯或行为

如果生活中有人对你提出行为改变建议，你应当考虑一下，但真正的改变源于内心，所以在听取他人意见时要扪心自问，自己的行为是否存在问题，能否变得更好，只有从内心深处下定决心改变，才能提高自控力，真正改变自己的行为。

在日常的学习和生活中，中职生需要控制的行为包括做事拖沓、抄写答案、不认真听讲、无法集中注意力、乱发脾气等。

（二）从所做的列表中选择一项主要行为

每个中职生都有很多方面需要改进，但应该循序渐进，先从自己需要改进的列表中选择一项主要行为入手。改变习惯需要时间，提高自控力需要努力，中职生要根据自身的情况，合理分配时间，设定可以达成的实际目标，再逐渐向目标靠近。

中职生要依据自己的时间和能力，合理地制订改变自己的计划，如果急于求成，可能会因不堪重负而最终放弃。

（三）寻求方法

中职生可以通过搜索和调查的方式，了解与自己处境相似的人是如何提高自控力的。如果自己的朋友和亲人有过类似的经历，也可以向他们请教。

中职生可以仔细收集资料，为自己的改变做准备。例如，假设想改掉暴饮暴食的坏习惯，可以找相关书籍和信息，收集类似案例中他人尝试过的方法，以此帮助自己提高自控力。再如，用专门的本子记录自己在改正饮食习惯时所尝试的方法，这便于发现最适合自己的方法。

（四）诚实地对待自己

中职生可以写一本私人日记，记录每天自己发生的改变，通过日记找到自己情绪的触发点、哪些情况会使自己冲动和失控，培养对自身行为和情绪的认知，能帮助自己提高自控力，让自己作出更明智的决定。

一个人能对自己冲动情绪的形成有清醒的认识，这是提高自控能力的前提。例如，以暴饮暴食为例，记录自己的感受，看是否在压力大时更容易暴饮暴食，或者是为了庆祝某件事而暴饮暴食，又或者是因为焦虑或伤心而暴饮暴食。

（五）设定切合实际的目标

很多人失败是因为急于求成和过早放弃，成功不会一蹴而就，中职生应该制定切合实际的目标并制订合理的实施计划，慢慢地改掉坏习惯，有较强的自控力。

作为一名中职生，假设自己有上课不认真听讲的坏习惯，不要想一下子就能改变成每节课都全神贯注地听讲，这不仅很难做到，而且不易坚持，要做到循序渐进。

（六）记录进步

要记得，成功的关键在于进步而非完美。中职生可以用一个本子专门记录自己的进步，当出现泄气情况或缺乏动力时，就看一看自己的进步，以激发自己的动力。一个人对自己的行为习惯越了解，就越能够克服困难。

（七）自我激励

中职生要清楚自己为什么要提高自控力，并不断地提醒自己，找到原因或内在动力后记录下来，把列出的这些理由写在小纸条上，放在书包里，或写在日记上提醒自己，并时常拿出来看一看。

★资料卡片★

如何有效地提高自控力

有这么一项能力，对于大人和孩子来讲，都是非常重要的，那就是自控力。提到自控力，大多数人都会想到一个著名实验，即"棉花糖实验"。这个实验的设计者是"自控力之父"沃尔特·米歇尔，他也是最早提出延迟满足能力与自控力密切相关的人。他在自己的著作《棉花糖实验：自控力养成圣经》里指出，所有人都可以通过有意识的训练，来培养和提升自己的自控力。

下面介绍其中的一种方法，即使用"如果……那么……"来造句。

这个方法很简单，你可以在"如果"的后面填上想抵抗的某种诱惑，在"那么"的后面填上遇到诱惑时就要做出的举动。

20 世纪 70 年代早期，米歇尔设计了一个实验，他让孩子们完成一些任务，但他给孩子们设计了一个干扰因素，就是一个非常可爱的小丑先生箱。这个小丑先生箱用五颜六色的纸带装饰着，里面装满了孩子们喜欢的小玩具和糖果，而且这个小丑先生还是个"话痨"，每隔一分半钟就开始"说话"，吸引着孩子们过去跟它玩儿。孩子们必须想办法抵挡住小丑先生箱的诱惑，完成手头的任务，这样才可以得到奖励。

研究者把孩子们分成了两组，一组是控制组，研究者并没有给孩子们特别的指示；另外一组是实验组，研究者会事先训练孩子们运用"如果……那么……"造句来抵抗诱惑，例如，如果小丑先生箱让你看它并且跟它一起玩儿的时候，那么你就把身体背对着它，并对自己说："不，我不会看小丑先生箱，我要工作，我要专心工作！"

结果表明，控制组被小丑先生箱分散注意力的平均时长是24秒，而实验组却不到5秒。除此之外，在任务完成方面，实验组的成果也比控制组高出了42%。你会发现，用"如果……那么……"造句这个方法操作起来简单、直接，对于提高自控力非常有效。

你也可以多多尝试在生活里使用这个方法。例如你想减肥，就可以这样造句：如果餐桌上有甜点，那么我就喝一杯红茶占住嘴。又如你想戒烟，就可以这样造句：如果看到有人抽烟，那么我就会马上离开。再如你很喜欢吃火锅，但又想让自己的饮食变得更健康，就可以这样造句：如果有麻辣锅底，那么我会选清汤锅底；如果蘸料有香油、麻酱，那么我要选辣椒、蒜泥和醋。

总之，应用这个方法的目的就是帮助你事先想好行动方案，不要等诱惑来了再临时去想。这样一来，事先的设计就变成了一种心理暗示，执行多了，行动就会变得自动化，需要付出的额外努力也就会越来越少。

课后练习

选择一项你想提高自控力的方面，如减肥、提高学习成绩、早起等，运用本章学到的方法练起来吧。

第三章 与情绪共处

　　生活带给我们的感受是怎样的呢？应该是五味杂陈、色彩斑斓的吧。在与朋友聚会时，我们会感到兴奋和欢乐；在努力许久却未达成心愿时，我们会感到沮丧和难过；在有人对自己出言不逊时，我们会感到愤怒和厌恶；在获得荣誉和进步时，我们会感到得意与骄傲；在处于危险境遇时，我们会感到不安和恐惧。我们有喜、有悲，还有怒……这些不同的感受都是我们的情绪。

　　所有人都是情绪性的动物，表现或喜或悲，程度或强或弱。当某件事情已经过去了很久，久到你甚至忘了那是一件什么事情，你却忘不了当时这件事带给你的情绪感受。

　　有哲人说，如果能管理情绪的话，每个人都是智者，能管理情绪的人，都是强者。学会如何更好地与情绪相处，是我们成长道路上的必修功课。

第一节 理解情绪

中职生都希望自己开开心心地生活，在与同学、朋友的交流中，祝福对方"天天开心"似乎是很普遍的表达。但正如"月有阴晴圆缺"一样，或许中职生每天都会遇到让自己不开心的事情，有些不开心我们会不由自主地表现出来，让别人觉察并问起："你怎么了？为什么不开心？"有些不开心只有自己知道原因，而有些不开心就连自己也不知道是因为什么。

一、情绪的产生

（一）性格态度

如果沟通双方的性格完全不同，或者对方的态度让人难以接受，很可能本来是一件很好的事情，也会让人产生不良情绪。

（二）环境刺激

环境会影响人的心情。例如，当有些人需要安静的时候，周围的环境反而很嘈杂；当有些人着急赶路的时候，却总是出现一些阻碍，这会让人特别烦躁。另外，来自同学、家庭的各种打扰和刺激，也会让人感到不快。

（三）认知差异

两个人对同一件事情的认知不一定相同，甚至有可能是完全相反的，因此很可能产生分歧，导致双方在交流中出现不良情绪。

（四）思维观念

人与人的思想、思路存在差异，例如，南方人和北方人的想法就经常不一样。不同思维观念的人在讨论事情时，往往会引起很多复杂的心理变化，如果表现在外，就是情感的宣泄。

二、消极情绪的种类

人的不良情绪有很多种，有些是消极的，如自卑、恐惧、紧张、忧虑、内疚悔恨、羞辱、嫉妒、烦闷和愤怒等，会对人的身心产生不良影响。

（一）自卑

自卑的人做事没有自信、不够勇敢，原因是接受的负面信息太多，不断刺激自己进行自我否定。例如，自卑的人总是认为自己能力很差，脾气不好，比不上别人，别人都看不起自己，当想到这些时，在开始行动之前，就被自己吓倒了。

（二）恐惧

一个人产生恐惧的原因是能力不足。例如，当一些人遇到一个变革机会，如果没有做好准备，在竞争时就会害怕沦为淘汰对象。人们往往因为环境太好而失去了居安思危意识，没有为可能存在的危险做足准备工作，对压力和变化的心理承受能力不足，在面临挑战的时候，就会产生恐惧情绪。

没有企业能够保证员工一辈子衣食无忧，员工的唯一保障是自己的综合能力，所以员工应在还有机会的时候就做好准备，切断自己陷入恐惧情绪的可能。中职生也应如此，在学习阶段，就要不断积累知识和经验，以提高自己的社会适应能力，只有自身强大，才能在遇到问题时避免或者减少恐惧心理。

（三）紧张

紧张的人一遇到风吹草动，就幻想这种情况会对自己产生影响，每天都是疑神疑鬼的状态，这会造成其身心状态不良。

（四）忧虑

在生活中，很多人的忧虑都是多余的。例如，一些人总觉得自己不如别人，对前途感到忧虑，但相对于那些身体不健全的人来说，身体健全的人已经拥有太多优势，自己又有什么好忧虑的呢？

（五）内疚悔恨

每个人都有内疚悔恨的时候，这种情绪往往源于懊恼过去发生的事情，如埋怨自己怎么这么笨、为什么会犯这种错误，其实，这在本质上是为回避错误而寻找借口。

内疚悔恨于事无补，最好的办法是把自己做好，这就需要每个人对自己有一个理性的认识，意识到犯错误是在所难免的，失败是成功之母，但同样的错误不能犯第二次。

（六）羞辱

很多人太过于重视面子，受不得一点委屈或者羞辱，其实大可不必。一个人只要瞄准目标坚定地走下去，无论经历什么挫折和困难，这都只是一个过程而已。

（七）妒忌

妒忌就是不能忍受别人比自己优秀，越亲近的人之间越容易产生妒忌，越疏远的人之间越少产生妒忌。例如，甲和乙是要好的朋友，一起来到某企业工作，一年后甲成了主管，两年后又升任经理，乙还是普通员工。这时，乙的心态就发生了变化，甚至像对待仇人一样对待甲，这就是嫉妒心在作怪。

改变妒忌的方法是把优秀的人当作标杆，学习他们的优点，不断自强和上进，最终超越他们。

（八）烦闷

烦闷的人往往太敏感，总是因为别人的痛苦而痛苦、因为别人的烦恼而烦恼，这完全是无谓的烦闷。例如，一个男生学习特别刻苦，每次考试都考第一名，偶尔一次被第二名超越了，就想不开，在教室里哭了两个小时。相比之下，班里倒数第一名的学生这次前进了一名，反而高兴得不得了，这就是心态的差别。

（九）愤怒

愤怒的表现通常是语言上责骂、讥讽，行为上摔东西、毁坏公物，性格内向的人则不会表现在外，而是自己生闷气，甚至气到浑身发抖、脸色苍白。

愤怒的原因往往是太自我，总想控制别人、占据主动、引起别人的注意，其实这是完全没有必要的。

三、情绪的特点

情绪有五个特点，分别是隐蔽性、积累性、突发性、短暂性和破坏性。

（一）隐蔽性

情绪是人的内在心理特征，由人的内心活动激发，具有一定的隐蔽性。

（二）积累性

情绪是会发展的，本来只是因为一点小事情产生一些小情绪，经过不断地积累，最后很可能变成一件大事情，导致产生较坏的情绪。

（三）突发性

情绪的突发性是指经过不断积累，一旦遇到突破口，情绪就有可能突然爆发出来，往往这时的能量是很惊人的。

（四）短暂性

情绪具有短暂性，例如，一个人因为某件事而积累了一年的怒气，发泄出来却只有几分钟。

（五）破坏性

说出去的话就收不回来了，情绪爆发也是一样，其破坏性很大，对别人感情的伤害很难弥补。

情绪的正面性往往是自我驱动、增强意志、自我超越、创造奇迹，而其负面性往往是夸大其词、颠倒是非、强词夺理、消极被动，关键是看个人如何规避情绪的负面影响，强化正面影响，让情绪能够为我所用。

★资料卡片★

王安石写出了与"情绪"有关的诗，即"风吹瓦堕屋，正打破我头。瓦亦自破碎，岂但我血流。我终不嗔渠，此瓦不自由。"的确，砸到我们头的那片瓦，是被风吹落的，它并没有自由，也不是故意的。

人的情绪控制能力与学历高低并无直接关系，人在愤怒时常控制不住"手劲儿"，一失手就易造成一生无法弥补的遗憾，所以我们必须努力提高情绪的自控力，试着让激动和盛怒降温。

富兰克林说过："愤怒起于愚昧，终于悔恨。"让我们做情绪的管理者，而不是被其控制着。

课后练习

1.消极情绪的种类有哪些？

2.当你感到愤怒时，是怎样做的？

3.你经常是情绪平和的吗？

第二节 与不良情绪面对面

人在心理方面的问题，大都表现为情绪方面的问题，中职生常见的不良情绪问题有抑郁、愤怒、恐惧、焦虑和嫉妒等。不良情绪问题如果得不到解决，会对人生的发展造成不利影响。保持情绪健康，做情绪的主人，是我们享有健康快乐人生的必要条件。

一、不良情绪的体现形式

（一）不良情绪的形式

人的不良情绪主要有两种体现形式：

一种是持久性的消极情绪体验，它是指在引起悲、忧、恐、惊、怒、躁等消极情绪的因素消失之后，主体仍很长时间沉浸在消极状态中，不能自拔。

另一种是过度性的情绪体验，它是指心理体验过分强烈，超出了一定限度，如狂喜、过分激动等。

持久性的消极情绪体验和过度性的情绪体验都有一定的危害性，危害的程度因人而异。

（二）不良情绪的危害

当心情出现波动和异常时，很容易造成疾病的产生，也容易影响正常的学习、工作和生活，情绪失控造成的各种并发症也是很多的。

1.学习、做事和生活受到影响

中职生的不良情绪会导致不想学习、不想做事和做事分心的情况出现，影响生活状态。如果他人看到你的心情很差，那么他也会远离你。

2.身体健康受到影响

中职生的不良情绪可能会导致胃肠疾病的出现。人在伤心的时候，会感觉到胃脘疼痛，致使食欲变差或者暴饮暴食，从而给肠胃健康带来影响，甚至出现胃肠疾病，如胃溃疡、胃炎，严重者还会导致胃出血。另外，如果一个人总是想得太多，会导致头疼、抵抗力下降，甚至产生疾病。

3.人际关系和学习受到影响

有的中职生有较强的耐受力，不良情绪只会影响其人际关系和学习效率，不会对其身体健康造成很大损伤；而有的中职生长期受到不良情绪的影响，不仅其人际关系和学习效率受到严重影响，而且心理上的痛苦还会转变成身体上的疾病，严重影响身体健康。

二、调节不良情绪的方法

（一）体察自己的情绪

体察自己的情绪，就是时时要提醒自己注意：我现在的情绪是什么样的，为什么会这样，有什么样的影响，是不是需要调整一下。

学着体察自己的情绪，是情绪管理的第一步。

（二）转移注意力

转移注意力就是把注意力从引起不良情绪的事情上转移到其他事情上，这样就可以使人从消极情绪中解脱出来，从而激发出积极、愉快的情绪反应。

中职生转移注意力，可以通过改变注意的焦点达到目的。当自己情绪不好时，可以做一些平时感兴趣的事，也可以通过玩游戏、打球、下棋、听音乐、看电影、读报纸等正当而有意义的活动，使自己从消极的情绪中解脱出来。

中职生转移注意力，还可以通过改变环境来达到目的。当自己情绪不佳时，可以到室外走一走，到风景优美的环境中玩一玩，会使人精神振奋、忘却烦恼。如果把自己困在屋里，不仅不利于消除不良情绪，而且可能加重不良情绪对自己的危害。

（三）适当表达自己的情绪

中职生出现不良情绪可能有自身的原因，也可能源自周围人的不合适行为。如果是他人的原因，可以通过一些婉转的、适当的方法，向给自己带来这种情绪的人表达、传递自己的感受和体会，从源头上消除不良情绪对自己的影响。

（四）合理地发泄情绪

合理地发泄情绪是指在适当的场合，用适当的方式，排解心中的不良情绪。发泄情绪，可以防止不良情绪对人体造成的危害，但一定要适度、合理地发泄情绪。

当中职生情绪低落时，往往不爱动，越不动其注意力就越不易转移，情绪就越低落，容易形成恶性循环。因此，中职生可以通过跑步、打球等体育活动，改变不良情绪。

情绪发泄不是放纵自己的感情，不同于任性和胡闹。如果不分时间、场合、地点而随意发泄，既不会调控好不良情绪，又可能会造成不良后果。调节情绪最好的方法是学会自我调控。

（五）学会控制情绪

学会控制情绪，就是要做到"喜怒有常"和"喜怒有度"，即喜不能得意忘形，怒不可暴跳如雷，哀不能悲痛欲绝，惧不能惊慌失措。否则，自己的身心健康就会受到情绪的影响。

（六）合理地选择调整方式

每个人每天都可能出现不良情绪，这是指一个人对客观刺激进行反应之后所产生的过度体验。焦虑、紧张、愤怒、沮丧、悲伤、痛苦、难过、不快和忧郁等情绪均属于不良情绪。

不良情绪会影响中职生的学习与生活，严重时还会影响其心理健康，可以用一些舒缓运动来缓解不良情绪，例如打太极拳、练瑜伽、骑自行车、练普拉提、举哑铃等。

1.打太极拳

打太极拳不仅要求人的四肢与身体协调、动作柔和、呼吸有节律，而且要求人的精神高度集中、排除杂念，这有利于调节中枢神经系统，进而排解压力。

人每天连续打太极拳 20 分钟，减压效果最佳。

2.练瑜伽

研究表明，每周 3 次、每次 1 小时练习瑜伽，可以提高人体内神经传递物质的水平，缓解焦虑，使人自信。

3.骑自行车

人在骑 30 分钟自行车后，会感觉浑身更有劲儿。

运动专家建议：每周应中速或慢速骑自行车 3 次，每次 15 分钟。

4.练普拉提

研究发现，人们练习普拉提有助于放松身心、改善睡眠。建议每周练习普拉提 3 次，每次 1 小时。

5.举哑铃

一项研究发现，参试者每周进行低强度举重运动 3～5 次，一个月后，其认知能力显著提高。

专家建议：每周应练习举哑铃 3 次，哑铃重量最好为 1.4～1.8 公斤。

课后练习

1.不良情绪有哪两种体现形式？

2.你宣泄情绪的方式有哪些？

第三节 提升情绪能力

人是有情绪的，但更是有理智的。一个心理健康的人能用理智管理情绪，而不做情绪的俘虏。如果我们能够更好地管理自己的情绪，更加敏锐地识别他人的情绪，更好地调控自己的情绪，那么我们的情绪就能对学习和生活起到明显的促进作用。

一、中职生如何做好情绪管理

乐观情绪是身心和谐的象征，是心理健康的重要标志。情绪是生命的孪生姊妹，作为中职生，我们始终处在各种情绪之中：考试不如意，我们会苦闷、难过；和同学发生矛盾，我们会生气、失望；确定好目标，在努力之后没有实现，我们会失落、沮丧，甚至放弃；觉得目标好远，我们会觉得无奈、无望……

这些情绪在无形中会消耗中职生的身心能量，让其精力和注意力难以有效地投入到日常学习之中。稳定、愉快等积极情绪有利于机体的正常活动，增强身体的抵抗力。良好的情绪还有利于提高记忆力、注意力，以及建立良好的人际关系。

马克思曾说过："一种美好的心情比十副良药更能解除生理上的疲惫和痛楚。"作为一名中职生，如何才能积极地面对学习和生活中的挫折与不顺，保持良好的心境与状态呢？应该注意在以下七个方面进行调整，管理好自己的情绪：

（一）学会表达情绪

不少同学在消极情绪出现之后不表达，而是把情绪闷在心里。从长远来看，这种处理情绪的方式不利于中职生在学习、生活中保持良好的身心状态：一方面，当情绪出现后，它带来的影响就已经发生了；另一方面，在不断压制自己情绪的状态下，情绪积累到一定程度就容易导致情绪爆发。

因此，中职生学会情绪表达，是情绪管理习惯养成的重要内容之一，适当表达会让中职生的消极情绪得到有效宣泄。

有效情绪表达包括三个方面的内容：一是描述对方所做的具体事情，二是表达对方做的事情给我们带来的感受和体验，三是说明对方做的事情给自己带来的影响。

在表达中，以上三个方面缺一不可。例如，午休时间你正在宿舍睡午觉，一个同学在宿舍里整理东西，而整理东西的声音让你无法入睡。这时，你可以告诉他"在睡午觉的时间你整理东西，这个声音让我觉得很心烦、让我无法入睡，我担心下午无法专心听课"。

在这里，"在睡午觉的时间你整理东西"就属于对方所做的具体事情，"让我觉得很心烦"就是对方做的事情给自己带来的感受和体验，"这个声音让我无法入睡，我担心下午无法专心听课"就是对方做的事情给自己带来的影响。

（二）换个角度看问题

有些时候，消极情绪是中职生看问题的角度不同导致的，因此可以换个角度来看待问题。例如，有些同学在期中考试时成绩不理想，可能会觉得沮丧、难过，这个时候，他需要试着换个角度看问题。

考试考得不理想，尤其是在付出了很大努力的情况下还是取得了不理想的成绩，的确是一件让自己觉得不舒服的事。但考试考不好未必是件坏事，成绩不理想说明自己在学习中还存在一些问题。如果中职生能把考试看作一个发现自己存在的问题、找到进步方法的机会，在面对不如意的成绩时，消极的情绪就不会那么强烈了。

（三）付诸实际行动

对于一些中职生来说，他们有自己的理想和目标，也希望能够通过努力取得进步，但他们想得太多、做得太少，考虑问题过于理想化，他们常说的话就是"要是能……样，我就……样了"。现实情况才是中职生当前学习、生活的起点，必须从这个现实出发，而不是考虑"如果具备……条件，我就会……样了"。

要解决实际问题，在学习中不断进步，中职生要做的就是从现实情况出发，找到合适的方法，付诸行动，因为实际行动远远比空想重要得多、有效得多。

（四）不给自己设限

遇到难题不会做、某次考试成绩退步、课堂上听不懂……这些对于中职生来说都是正常的，不能据此就得出自己能力不足的结论。

面对这些情况，中职生要养成不给自己设限的习惯，告诉自己这只是在某种条件下不能解决的问题，而不是真的没有解决的方法。例如，遇到不会做的题，要想到这仅仅是"在那段时间仅靠自己没有做出来"，但如果把学过的知识再复习一下，或者向同学、老师寻求帮助，也许就会做这道题了。

（五）养成目标分解的习惯

中职生要把自己的长远目标分解成若干个阶段目标。例如，把入学后的三年目标分解为第一阶段、第二阶段和第三阶段的目标，然后再把每个阶段的目标按照学期进行分解，把每学期的目标分为若干个月的不同目标。

就学科而言，每个人的情况不同，目标分解就要更细致。只有把目标细化、具体化和阶段化，中职生才能通过每次小目标的实现，提高自信心，增强成就感，有效减轻由于最终目标较难实现而带来的疲劳感。

这种小目标实现时的感觉和体验，会让中职生在实现目标的道路上充满信心和力量。

（六）积极参与运动

运动既是锻炼身体、增强体质的一种方式，又是宣泄不良情绪和减轻压力的一种有效方式，运动对中职生而言是必不可少的。

生理心理学研究表明，运动带来的内啡肽分泌会给人们带来轻松、愉悦的感觉。作为中职生，要养成运动的习惯，除了体育课和每天的间操以外，中职生在课余时间还应多参加一些体育活动，如跑步、打乒乓球等。

对于情绪状态不好或者压力较大的同学，建议其利用晚自习或者课间等坚持跑步，两到三周后就能明显地感受到情绪调整的效果。

（七）告诉自己要"暂停"

人际关系是影响中职生身心状态的一项重要因素。有些同学在面对人际交往时往往是想到什么就说什么，遇到不良情绪就直接发泄出来，而在发泄之后又感到后悔，这就给自己带来了不必要的压力。

对于这种情况，建议这些同学在不良情绪产生时学会"暂停"，也就是在自己感觉到有不良情绪之后，先在心里告诉自己"暂停，平静一下"，3～5秒钟之后，当情绪基本平静时再清楚、冷静地表达自己要传递的内容。

中职生如果觉得还是难以冷静地表达自己要传递的内容，不妨暂时离开引发自己不良情绪的环境，等待情绪完全平复之后再去处理刚刚发生的事情。

暂时离开、调节自己的情绪并不是软弱、怕事，而是一种处理人际关系的技巧和智慧。

二、如何与亲人和谐沟通

中职生要处理好与亲人间的人际关系，不能因为关系特殊就肆意妄为。中职生要做到尊重亲人、认真倾听并适当给予反馈、不吝啬肯定和赞美之词、学会宽容和谅解。

（一）尊重亲人

作为一名中职生，无论与你交往的亲人是什么身份，形象如何，言行是否怪异，爱好和习惯是否与你相同，如果你能始终尊重他，把他当作与你平等的人，你就能获得他对你的尊重。

对于这一点，说起来容易，做起来难。中职生要意识到自己的喜、怒、哀、乐的局限性，并提醒自己在任何时候都要以平等的态度对待亲人，那么自己与他们的关系就会更加和谐。

（二）认真倾听并适当给予反馈

中职生在与亲人交谈时，往往更关注亲人的态度，而不是说的内容，这很容易让亲人感到中职生并没有认真倾听，内心会受到伤害。

因此，中职生在与亲人交谈时，一定要认真、仔细地听对方说什么，给予适当的反馈，并不时地提出问题。

中职生在表达自己的不同观点时，首先要承认亲人的想法，再有礼貌地提出自己的观点。这样，在表明自己观点的同时，也会避免冲突，不会伤害亲人的感情。

（三）不要吝啬肯定和赞美之词

当你看到亲人身上的优点或精彩的外部变化时，不要吝啬你的语言，大胆地给予认可和赞美。这种肯定和赞美在亲人间是很有必要的，可以让他们感受到自己的关心，意识到自己在给他们提供支持。

赞美应该是有针对性的、真诚的、发自内心的。赞美不等于恭维，既不是奉承，又不是谄媚，不能根据亲人身份的高低而有不同的赞美态度。表扬不能夸大其词、不切实际、虚情假意，否则表扬就会失去作用。

（四）学会宽容和谅解

人非圣贤，孰能无过。看看自己，问题和优点并存，亲人不也一样吗？中职生在与亲人交往时，由于长期生活在一起，往往会看到对方的缺点，这个时候，就要多想想他们的优点。

在这个世界上，没有完美无缺的人。对于亲人的错误甚至无理取闹，不要揪住不放、针锋相对。如果不包容对方、不回报对方，那么隔阂就会越来越深，人际关系就会越来越紧张，这对家庭和谐没有任何好处，只会增添更多麻烦。

课后练习

1.中职生如何做好情绪管理？

2.中职生如何与亲人和谐沟通？

第四章 探索人际关系

　　一位哲人说过："没有交往能力的人，就像陆地上的船，永远到不了人生的大海。"中职生的成长，都是在人际交往中发生的。在中职生与他人交往的过程中，会遇到各种各样的伙伴：童年时，父母是最初的伙伴；学生时代，同学是最温暖的伙伴；成家后，伴侣是最忠诚的伙伴。交往的过程，就是与各种伙伴心灵交汇的过程，这个过程给予中职生力量，也赋予了美好。

　　处于青春期的中职生，随着认知能力的逐渐提高，学业任务的逐渐加重，与父母相处的时间渐渐减少，与同伴交往的时间越来越多。他们会接触到全新的、更大的群体，相互间在语言、兴趣、活动、爱好、价值观等方面存在共同之处，更容易认可并理解彼此。

　　与同伴的亲密交往可以发展为友谊，也会因为异性之间的相互吸引而成为恋人。伴随着内心成长的需求，一切美好的交往都会让中职生精神愉悦，而以此形成的交往能力则会影响他们的一生。

第一节 什么是人际关系

一、人际关系含义

人际关系是指人与人之间，在一段过程中，彼此借由思想、感情、行为所表现的吸引、排拒、合作、竞争、领导和服从等互动关系，广义地说，也包含文化制度模式与社会关系，主要表现为人们心理上的距离远近、个人对他人的心理倾向及相应的行为等。

人际关系包括三种成分，即认识成分（指相互认识、相互了解）、动作成分（指交往动作）和情感成分（指积极情绪或消极情绪、爱或恨、满意或不满意）。其中，情感成分是核心成分。人际关系反映了交往双方需要的满足程度。若交往双方能互相满足对方的需要，就容易结成亲密的人际关系；反之，则容易造成人际排斥。

（一）人际关系的特点

归根结底，人际关系受客观社会关系的制约，反过来又深刻地影响着社会关系各方相互作用的形式。人际关系的好坏反映人们在相互交往中的心理满足状态，以及人与人之间心理上的距离。

人们所结成的大部分社会关系，可以分为使人的物质需要、精神需要得到满足的酬赏性关系和破坏这种满足的处罚性关系。因满足与不满足程度的差异，人们愉快或不愉快的情绪体验可以形成一个连续分布的区间，制约着人际关系的亲疏情感。

良好的人际关系，表现为热情、诚恳、理解、同情、大度、互助、信用和原则性与灵活性的结合。促进人际关系密切友好的因素是缩短空间距离，提高交往频率，增加相似的东西，实现需要的互补；阻碍人际关系的个性特征是不尊重、不关心他人，对人不诚恳、不同情，缺乏自尊心、自信心，妒忌、猜疑、偏激、固执、报复、苛求和依赖他人等。

人际关系的变化、发展速度快于双方需要的满足程度：如果相互需要得到满足，就容易发生密切关系；如果相互需要得不到满足，人与人之间发生的矛盾又得不到妥善解决，人际关系就会恶化。

★资料卡片★

> 有一个男孩脾气很坏，他的父亲给了他一袋钉子，并且告诉他，每当他发脾气的时候，就钉一根钉子在后院的围篱上。
>
> 第一天，这个男孩钉下了 37 根钉子。慢慢地，他每天钉下钉子的数量减少了。他发现控制自己的脾气要比钉下钉子来得容易些。

终于有一天，这个男孩再也不会因为失去耐性而乱发脾气了，他将这件事告诉了父亲。父亲要求他从现在开始，每当他能控制自己脾气的时候，就拔出一根钉子。

一天天过去了，男孩告诉他的父亲，他终于把所有钉子都拔出来了。

父亲握着他的手来到后院说："你做得很好，我的好孩子，但是看看那些围篱上的洞。这些围篱将永远不能恢复成从前的样子。你生气时说的话就像这些钉子一样，留下了疤痕。如果你拿刀子捅别人一刀，不管你说了多少次对不起，那个伤口将永远存在。"

启示：人在感情冲动时说出的那些不理智的话，就像钉子一样，会在对方的内心留下无法抹平的伤痕。如果是因为误会，而用语言或者行动伤害了别人，即使误会消除了，已经发生的对双方人际关系的伤害却很难消除。

（二）处理人际关系的原则

1.真诚原则

在人际交往中，真诚的品质尤为重要。1968 年，美国认知心理学家安德森对不同个性品质受人们喜爱的程度进行了研究，结果发现，受喜爱程度最高的六种个性品质依次是真诚、诚实、理解、忠诚、真实和可信，受喜爱程度最低或被拒绝次数较高的几个品质包括说谎、虚伪、不诚实和不真实等。

很显然，受人们喜爱的个性品质与"真诚"品质有关；而不受人们喜爱的个性品质则与"不真诚"有关。由此可以说，"真诚"是最受人欢迎的个性品质，而与其对立的"不真诚"，则是最令人厌恶的个性特征。

因此，一个人要想吸引别人，与别人保持良好的交往，真诚是必备的品质和交往方式。真诚使人们对于与自己交往的人会如何评价自己的行为有明确的预见性，因而更容易建立起安全感和信任感，而不真诚或欺骗则会使人感受到焦虑与不安。

2.交互原则

人际关系的基础是人与人之间的相互重视和相互支持，在人际交往中，喜欢与厌恶、接近与疏远是相互的。在一般情况下，喜欢我们的人，我们也会喜欢他们；愿意接近我们的人，我们也愿意接近他们。而对于疏远我们、厌恶我们的人，我们的反应也是相对应的，对他们也会疏远或厌恶。

在日常生活中，对于真心接纳、喜欢我们的人，我们也倾向于接纳对方，愿意与他们交往，并建立和维持关系；相反，对于表现出不喜欢、排斥我们的人，我们也倾向于排斥、疏远对方，避免与其有进一步交往。

3.交换原则

人际交往是一种社会交换过程。交换的基本原则是：个体期待人际交往对自己是有价值的，在交往过程中得大于失或得等于失，至少是得别太小于失，所以交换原则又称为功利原则。

人际关系的发展，取决于双方根据自己的价值观进行的选择。

4.自我价值保护原则

自我价值是个体对自身价值的意识与评价。自我价值保护是一种有自我支持倾向的心理活动，其目的是防止自我价值受到贬低和否定。

由于自我价值是通过他人的评价而确立的，个体对他人的评价极其敏感。在每个人的潜意识里或内心深处，都渴望得到别人真诚的赞美和肯定。

对于肯定自我价值的他人，个体会对其认同和接纳，并反过来给予肯定与支持；而对于否定自我价值的人，则是疏离的，在与这种人交往时，可能激活个体的自我价值保护动机。

5.平等原则

交往双方在社会角色和地位、影响力、对信息的掌握程度等方面往往是不对等的，这会影响双方形成实质性的情感联系。但如果平等待人，让对方感到安全、放松与尊重，我们也能和那些与自己在社会地位等方面相差较大的人建立良好的人际关系。

6.情境控制原则

人对于新情境、新环境，总有一个适应的过程。适应本身就是一个逐渐对情境实现自我控制的过程。情境包括交往的内容、方式和心理控制等方面。情境不明确，或达不到对情境的把握，会引起机体的强烈焦虑，并处于高度紧张的自我防卫状态，使人们倾向于逃避。例如，由于中职新生对周围环境缺乏了解，会在相当长的时间内处于高度紧张的自我防卫状态。

在人际交往中，人们对情境的控制程度决定了交往在什么样的氛围中进行。所以，在人际交往中，双方必须都能控制交往情境，如果无视他人的意愿、需要和心理感受，会给交往带来阻碍。

二、人际关系的形成和发展

人际关系是社会关系的一个侧面，其外延很广，包括朋友关系、夫妻关系、亲子关系、同学关系、师生关系和同事关系等。它受生产关系的决定和政治关系的制约，是社会关系中较低级的关系。同时，它又渗透到社会关系的各个方面，是社会关系的"横断面"，因而又反过来影响社会关系。它对群体内聚力的大小、心理环境的好坏，有直接的、重要的作用。

人际关系的形成包含认知、情感和行为三种心理因素的作用。认知成分包括对他人和自我的认知，是人际知觉的结果。情感成分是指交往双方在情绪上的好恶程度和对交往现状的满意程度，还包括情绪的敏感性和对他人、对自我成功的评价态度等。行为成分主要包括活动的结果、活动和举止的风度、表情、手势，以及言语等，即所能测定与记载的一切量值。

在这三个因素中，情感因素起主导作用，制约着人际关系的亲密程度、深浅程度和稳定程度。可见，情感的相互依存关系是人际关系的特征。一般来说，在正式的组织关系中，行为成分是调节人际关系的主导成分；在非正式的组织关系中，情感成分承担着主要的调节功能。

人际关系的建立与发展过程，实际上是一个情感卷入和交往由浅入深的过程。在这个过程中，交往双方采用自我暴露的方式，增加相互间的接纳性和信任感。自我暴露程度越高，表明人际关系交往程度越深。

根据交往双方的情感卷入程度、自我暴露程度的不同，美国心理学家奥尔特曼认为良好人际关系的建立和发展需要经历四个阶段，分别为定向阶段、情感探索阶段、感情交流阶段和稳定交往阶段。

（一）定向阶段

在定向阶段，主要是对交往对象的注意、选择和初步沟通等心理活动。

（二）情感探索阶段

在情感探索阶段，随着双方共同情感领域的发现，双方的沟通越来越广泛，自我暴露的深度与广度逐渐增加，相互间的话题仍避免触及私密领域，自我暴露也不涉及自己的基本方面。

（三）感情交流阶段

人际关系发展到感情交流阶段，双方关系的性质开始出现实质性变化，此时人际关系的安全感已经确立，谈话内容开始广泛涉及自我的许多方面，有较深的情感卷入。

（四）稳定交往阶段

在稳定交往阶段，人们心理上的相容性会进一步增加，自我暴露更加深刻，可以允许对方进入自己高度私密的领域、分享自己的生活空间和财产。

课后练习

1.什么是人际关系？

2.处理人际关系有哪些原则？

3.良好人际关系的建立和发展需要经历几个阶段？

第二节 人际关系之友情

一、同伴伴我成长

这里的同伴交往，是指中职生与同一年龄段的伙伴之间的交往。中职生在较小时，主要限于家庭小圈子，在父母的陪伴下成长。随着年龄的增长，其认知能力逐渐增强，渴望走出家庭圈子，与同龄人交友、玩耍。这种同伴交往需要，随着年龄的增长而增加，成为中职生社会化进程中的一个重要因素。

同伴是中职生社会行为的强化物，同伴的反应方式对于中职生行为的影响具有强化或负强化作用。同时，同伴也是中职生评定自己行为的一个参照物，从儿童期开始，他们便自发地关注其他儿童，模仿他们的行为习惯。

社会心理学研究发现，青少年时期的同伴交往尤其重要。青少年时期是人心理发展的一个重要时期，一方面，同龄伙伴面临着同样的问题，有着更多的共同语言；另一方面，青少年想从同伴和集体对自己的反应中发现自己、认识自己，进而完善自己。因此，这一时期的同伴交往往往会影响人的一生。

同伴或同伴集团对中职生影响的大小还与家庭关系的性质有关系，缺少家庭温暖的中职生，更倾向在同龄伙伴中寻找安全感，这样的家庭环境可能会给中职生的成长带来不利影响。

（一）同伴交往的原则

1.平等尊重原则

平等相待、尊重他人是同伴交往的第一要素。每个人都是一个独立的个体，都有被尊重的需要，在与他人交往的过程中，要尊重对方。

2.真诚原则

中职生的同伴交往大多发生在同学之间，在校园里，每天都与同学进行大量交流，有学习上的相互切磋，有生活中的相互帮助，更有心灵上的相互沟通，这都需要用真诚去维系。缺乏真诚的友谊不会长久，缺乏真诚的心灵不会受到同伴的欢迎。

3.理解宽容原则

同伴间的交往需要相互理解和宽容，每个人都会犯错误，每个人都会有失败、沮丧和失望的时候。中职生如果学会理解同伴的处境，能够设身处地地为同伴着想，学会换位思考，并怀有一颗宽容的心，就一定会建立起良好的同伴关系。

4.互惠互利原则

同伴交往是一种双向行为，只有单方获得好处的同伴交往是不能长久的。对于中职生来说，这种互惠互利更多的是情感上的和精神上的，不能单方面付出和奉献，而应该是双方都受益的，同伴间共同收获、共同成长。

（二）同伴交往的技巧

中职生同伴交往的技巧，除了上述一些应该遵循的交往原则以外，还有一些比较具体的技巧。

1.不要以自我为中心

中职生的自我意识都很强，尤其是现今的中职生，独生子女较多，在家里备受宠爱，个人意识比较强。如果把这种模式带到学校、带到同伴交往中，事事以自我为中心，不考虑对方的需要和感受，这样的中职生往往是不会受到同伴欢迎的。学习成绩比较优秀的中职生，也要有意识地避免和克服以自我为中心。

2.学会倾听和分享

当同学、朋友遇到挫折或心情苦闷时，他可能需要一个发泄情感的对象。这时，如果你真诚地、耐心地倾听他的诉说，就是对他最大的理解和支持。在倾听的过程中，不时地插上一两句真诚的安慰，引导他赶走烦恼与不快，他会觉得你这样的朋友才是真正的朋友。同样，如果同学、朋友间有高兴的事，也要学会分享，大家一起高兴、一起庆祝。

3.多参加集体活动，主动与同伴交往

同伴关系是在集体活动中建立起来的，尤其是同伴的接纳。中职生要想受到更多同伴的欢迎，得到更多同伴群体的接纳，需要积极、主动地参与一些集体活动，在集体活动中，你的地位和影响力都会得到提升。

4.理智把握交往的度

如果同伴间的交往过密，就容易出现裂痕，甚至好朋友闹不和、同伴群体解体等；无论多么要好的伙伴，长时间不交往，同伴关系也可能会疏远。因此，一定要把握好同伴交好的度，理智地交往。

5.学会拒绝，大胆说"不"

要好的同伴之间常有事相托，这很正常，但如果同伴相托相求的事超出你的原则和能力范围，例如同伴想抄写你的作业或试卷，甚至鼓动你去做一些违法乱纪的事，就要学会拒绝，果断地说"不"。当同伴对你进行错误引导、邀你抽烟、吸毒等，也要学会拒绝。

二、友谊地久天长

友谊是一种双向（或交互关系）的情感，即双方共同凝结的情感，必须共同维系，任何单方面的示好或背离，都不能称为友谊。

（一）友谊的特性

从原理上来看，友谊是一种寻求利益最大化和代价最小化的人际关系，是人们获得幸福感的必要需求。友谊具备一定的特性，如相互喜爱，响应、合作与调和，以及相似性。

1.相互喜爱

衡量一个人是否处于友谊之中，一个最基本的判断方式是考察两个（或多个）人是否对彼此表现出高度的喜欢。对相互喜爱程度的评估，通常使用基于提名的社会测量问卷，考察两个人是否在问卷中选择对方作为他们的第一或第二好朋友。

2.响应、合作与调和

一般来说，朋友之间的响应是有方向性的，即朋友之间的行动是指向对方的，例如，当一方做出某种行为，其朋友就会对此做出反应。朋友之间的反应往往是对称的，因为每个朋友对互动的贡献是平等的，没有一方支配另一方的情况。

3.相似性

朋友之间的相似性会比非朋友之间的相似性大。相似性是吸引力的基础，并且是友谊的一个关键组成部分。青少年似乎更容易被行为倾向与他们自己相似的同龄人吸引，并与之成为朋友。

★资料卡片★

俞伯牙和锺子期是春秋战国时期有名的知音。

俞伯牙弹琴极具天赋，琴音优美动人，但却没有多少人能听懂他琴声中真正要传递的感情。有一天，他来到一座森林里的泉水旁弹琴，看到前面有一个人。经过询问才得知，这个人名叫锺子期，是山上砍柴的人，俞伯牙一弹琴，锺子期就对他作出"巍巍乎若太山"的评价。

俞伯牙很吃惊，因为他心里想表现出高山，却被锺子期听出来了。他心想：如果换一个主题，我要用音乐表现出流水，你还能不能听出来呢？谁知锺子期一听，又说："汤汤乎若流水"。

俞伯牙感到很兴奋，又弹了几首，纷纷被锺子期听出音乐所表现的内容。俞伯牙心想：在如此山野里，竟然还有人能够听懂我的音乐，这是一件多么美好的事情啊。

渐渐地，俞伯牙与锺子期成为要好的朋友，但没多久，锺子期就去世了。俞伯牙悲伤到了极点，就发誓再也不弹琴了。

（二）友谊发展的阶段

1.萌发

潜在的朋友不仅必须了解对方，并且有动机参与到对方的关系中去，而且需要某些条件，才能够从熟人关系中发展出友谊。因此，为了让潜在的朋友发现他们是否喜欢对方，并分享有价值的属性和兴趣，他们有必要进行反复互动，以双方或非常小的群体见面，有适当的隐私，互动足够频繁、持续时间足够长，以使他们能够彼此适应。

2.维持

友谊的维持需要相当稳定的亲密程度，各种各样的互动过程和情境条件在维持阶段建立和巩固了友谊。在维持阶段，友谊可以维持一定的情感亲密程度。各种突发事件、环境因素，以及伙伴个人的发展状况，都可能导致朋友间感情的增加或减少。换句话说，友谊的延续并不一定意味着这段关系中的所有特征都是稳定的。

3.解除

除了伙伴死亡之外，友谊结束的原因有很多。这些原因包括忽视、喜好和兴趣的改变、环境的限制、未解决的冲突、背叛，以及对于情感表达的保留和闭锁。

（三）父母应鼓励中职生交什么类型的朋友

1.中职生需要有共同点的朋友

每个中职生都有属于自己的特点，包括性格、行为和兴趣等方面。虽然没有完全相同的两个孩子，但总有在某些特点上相同或相似的孩子。他们大都年龄相仿，可能是邻居家的朋友，也可能是学校的同学。

父母应该鼓励孩子主动与周围的同伴交往，积极发掘与同伴的共同点，例如，找到那些性格相似或兴趣爱好相近的伙伴并成为好朋友，一起学习和玩耍，共同成长。

在与这样的朋友相处过程中，中职生能够找到自己与朋友的契合点，因而不会感到孤独。这是父母之外的重要支持，也是安全感的重要来源之一。试想，如果中职生的周围总是跟他想法、性格差异很大的朋友，他难免会觉得没有归属感，甚至变得沉默，在语言和行为发展上也受到制约。

如果因为中职生较为腼腆，接触的同伴比较少，父母就应该更多地鼓励孩子走出家门，到人群中去，在交流时赋予孩子话语权，并鼓励他们与朋友们相处。

当然，共同点除了性格特点和兴趣爱好以外，也可以是地域上的，例如，生活在一个社区环境下，都可以成为朋友。

此外，父母需要做好教育引导，让中职生在有共同优点的朋友身上看见自己的长处，在有共同不足的朋友身上认识到自己的不足。例如，父母可以多夸奖孩子和朋友的共同优点，让孩子看见朋友身上的闪光点，也学会在欣赏别人的过程中肯定自己。又如，孩子指出朋友的不足，却没有察觉自己也存在相同的不足。这时，父母切勿跟着孩子一味地指责他（她）朋友的错误，也不要过分指责孩子对于朋友的批评，而应该耐心地与孩子交流，让他明白自己也可能犯相同的错误，如果这些错误是可以避免却没有避免的，就应该想办法去改变，帮朋友出出好主意，也为自己想想好点子。

总之，中职生需要有共同点的朋友。一方面，他们可以获得宝贵的心灵支持；另一方面，他们在与这些朋友相处的过程中，易于实现对自己的认知和提升。当然，这些都离不开父母的适时引导和教育。

2.中职生需要互补的朋友

中职生需要互补的朋友，因为要在与朋友交往的过程中有所习得。需要说明的是，这里的"习得"最重要的意义并不在于中职生一定要去照搬别人的行为方式、需要被同化成具备某种特定优点的人，也不意味着中职生一定要刻意避免某一类错误、避免成为某一类人。这些既不是父母的权利，又不是中职生的义务，毕竟每个中职生都是独特的，都有自己选择的权利。父母应该帮助他们打开了解世界的大门，让他们了解更多的人和他们身上多元的特点。

中职生在与互补朋友的相处过程中，可以了解性格的多样、行为方式的多样、优缺点的多样（甚至可以相互转换），从而使自己的视野变得更加开阔、感情变得更加丰富、胸怀变得更加包容。

首先，父母要培养中职生对新奇事物的好奇心。每个人都有对自己相关、相近事物表现出更大兴趣的本能，如果一个中职生从小就对新奇事物充满了好奇心，他们就更愿意去结交有互补特点的朋友。

其次，父母要言传身教，让中职生在与朋友相处的过程中学会尊重和接纳，在不违背原则的基础上做到体谅别人和悦纳自己。

最后，父母可以多与中职生交流朋友的趣事，让其体会到这种相识、相处带来的快乐。

★电影推荐★

《绿皮书》

剧情简介：该片改编自真人真事，讲述了保镖托尼被聘用为优秀黑人爵士钢琴家唐纳德·谢尔利开车，钢琴家将从纽约开始举办巡回演奏，两人之间发生的一段跨越种族和阶级友谊的故事。

影片借助唐纳德·谢尔利与托尼的友谊，奏响了不同种族和谐共处的绿色之声。在今天，它传递的 20 世纪 60 年代的声音依然能激发人们反思当今仍旧存在的不同族裔、不同国家间的关系问题，以古观今，思考如何构建更加包容、平等的人类命运共同体。

（四）友谊的重要性

友谊能给双方带来支撑感，在困难的时候相互帮助、相互扶持、相互提携、共同进步。友谊能够带给双方爱和温暖，相互陪伴，可以避免孤独。友谊能给双方带来愉悦感，营造良好的生活氛围。

友谊的作用有宣泄情感、给予启发、找到归属感、实现互帮互助、带来愉悦感等。

友谊是传递情感的纽带，在生活当中，我们遇到的好的或者不好的事情都会跟朋友倾诉，而友谊的作用就在此表现出来了。

友谊还能促使朋友不断地进步，在成长的路上，有朋友的陪伴和友谊的促进作用，朋友间能受到各种启发，可以起到互相成就的作用。

★资料卡片★

马克思和恩格斯

马克思在年轻时就有强烈的意愿想要改造社会，并且用他的行动说话，受到了反动政府的迫害，被迫长期流亡，居无定所。

1844 年，马克思在法国巴黎认识了恩格斯，他发现恩格斯与他有同样的想法，于是，他们走到了一起，一起为无产阶级事业贡献力量。

在生命中，他们都把对方看得很重要，甚至认为对方的重要性超过了自己。长期的流亡，使得马克思的生活很艰苦，常常需要通过典当家当来维持生活，但这丝毫没有影响到他为无产阶级事业的奉献。

恩格斯看到自己的好友过得如此艰难非常难过，为了维持马克思的生计，当时正在做生意的恩格斯决心放弃自己的生意，把挣来的钱都拿给马克思，资助马克思的共产主义事业。

恩格斯对马克思非常关怀，他们互相帮助，都居住在英国伦敦。每到下午，恩格斯就会到马克思的家里做客，他们会就彼此关心的时事热点和自己的观点进行讨论，交换自己的政治研究意见。

他们对彼此的关怀，无时无刻不体现在对共产主义事业的积极奉献之中，在事业上彼此成就。

（五）良好的友谊包含的因素

良好的友谊必定包含以下三个重要因素：

第一是默契。这是灵魂深处的默契，就仿佛是两个灵魂之间有一种亲缘关系，双方在基本价值观上高度一致，彼此心知肚明，尽在不言中。这是一个前提，使得其他方面的沟通也变得容易。

第二是欣赏。这是两个独特个性之间的互相欣赏，所欣赏的是对方身上自己最看重的优点。这优点也许是自己也具备的，因此惺惺相惜；也许是自己不具备的，因此衷心倾慕。

第三是宽容。事实上，只要前两个因素足够强烈，就自然会宽容对方身上自己不太看重的缺点了。如果不肯宽容，就说明前两个因素的基础仍较薄弱。

★名人名言★

朋友间的不和，就是敌人进攻的机会。 ——中国谚语

近朱者赤，近墨者黑。 ——傅玄

真正的朋友，是一个灵魂孕育在两个躯体里。 ——荷马

独学而无友，则孤陋而寡闻。 ——孔子

鸟儿有巢，蜘蛛有网，人类有友谊。 ——布莱克

友谊之于人心，其价值真有如炼金术上常常所说的他们的宝石之于人身一样。 ——培根

人生得一知己足矣。 ——鲁迅

在智慧提供给整个人生的一切幸福之中，以获得友谊为最重要。 ——薄伽丘

朋友之间重于心，对方困难时要帮助之，得意时提醒不要得意忘形，失意时安慰其励志向上。 ——方海权

人生只有经历酸甜苦辣，才懂得人间的味道，因此也必须学会珍惜人生和珍惜感情。 ——方海权

桃花潭水深千尺，不及汪伦送我情。 ——李白

春草似青袍，秋月如团扇，三五出重云，当知我忆君。

——何逊

海内存知己，天涯若比邻。　　　——王勃

翻手作云覆手雨，纷纷轻薄何须数。君不见管鲍贫时交，此道今人弃如土。　　　——杜甫

劝君更尽一杯酒，西出阳关无故人。　　　——王维

课后练习

1. 同伴交往的原则是什么？

2. 友谊的重要性有哪些？

第三节 人际关系之师生情

古之学者必有师。教师是给我们传授知识，传授如何做人做事、如何学习的人。从小学到初中再到大学，在每个阶段都有一个好教师相伴，是人生最宝贵的财富。

一、教师职业道德

（一）爱国守法

热爱祖国，热爱人民，拥护中国共产党的领导，拥护社会主义。全面贯彻国家教育方针，自觉遵守教育法律法规，依法履行教师职责权利，不得有违背党和国家方针政策的言行。

（二）爱岗敬业

忠诚于人民教育事业，志存高远，勤恳敬业，甘为人梯，乐于奉献。对工作高度负责，认真备课上课，认真批改作业，认真辅导学生，不得敷衍塞责。

（三）关爱学生

关心爱护全体学生，尊重学生人格，平等公正对待学生。对学生严慈相济，做学生的良师益友。保护学生安全，关心学生健康，维护学生权益。不讽刺、挖苦、歧视学生，不体罚或变相体罚学生。

（四）教书育人

遵循教育规律，实施素质教育。循循善诱，诲人不倦，因材施教。培养学生的良好品行，激发学生的创新精神，促进学生的全面发展。不以分数作为评价学生的唯一标准。

（五）为人师表

坚守高尚情操，知荣明耻，严于律己，以身作则。衣着得体，语言规范，举止文明。关心集体，团结协作，尊重同事，尊重家长。作风正派，廉洁奉公。自觉抵制有偿家教，不利用职务之便谋取私利。

（六）终身学习

崇尚科学精神，树立终身学习理念，拓宽知识视野，更新知识结构。潜心钻研业务，勇于探索创新，不断提高专业素养和教育教学水平。

★资料卡片★

孔子（公元前551年—公元前479年），子姓，孔氏，名丘，字仲尼，生于春秋时期鲁国陬邑（今山东省曲阜市），中国著名的思想家、教育家、政治家，儒家学派创始人，与弟子周游列国14年，晚年修订六经，即《诗》《书》《礼》《乐》《易》《春秋》，被联合国教科文组织评为"世界十大文化名人"之首。

相传，孔子有弟子3 000人。孔子去世后，其弟子及其再传弟子把孔子及其所有弟子的言行语录和思想记录下来，整理编成儒家经典《论语》。

孔子在古代被尊奉为天纵之圣、天之木铎，是当时社会上的最博学者之一，被后世统治者尊为孔圣人、至圣、至圣先师、万世师表等，其儒家思想对中国和世界都有深远的影响。

二、怎样保持良好的师生关系

（一）学高师范，言传身教

教师高尚的品质会陶冶学生的情操。教师应该是知识渊博、谈吐优雅、风趣幽默、品行高尚的人，只有这样，才能在学生中树立威信，影响并教育学生。教师应多与学生促膝谈心，主动融入学生群体，给学生树立良好的榜样。凡是要求学生做的，教师自己必须先做到；凡是要求学生不能做的，教师自己也绝不能做。

（二）用健全的人格影响学生

教师要热爱生活、热爱事业、朝气蓬勃，要表现出乐观、进取、积极向上的精神面貌，让活泼开朗成为性格的稳定因素，以阳光的心态去面对一

切，保持谦虚谨慎的作风，不摆架子，不显威风，以一颗宽容的心去接受学生，用健全的人格影响学生。

（三）用"三心"引领，做学生的良师益友

1.真心

教师对学生要真诚，有真心，和他们交朋友，了解学生的烦恼，知道他们的所思所想，用真诚换真心，让他们真正体会到教师确实是在为他们着想、为他们考虑，这样，学生才会接受教师。

2.爱心

教师要像对待家人、朋友一样，拥有一颗仁爱、慈爱之心，关心、爱护每名学生，善于发现学生的闪光点，要因材施教，用不同的标准来衡量学生，既要严爱，又要慈爱，刚柔相济，这样才能达到最佳的教育效果。

3.耐心

教育是一个潜移默化、春风化雨的漫长过程，教师不仅要有真心、爱心，更要有耐心，既要欣赏学生的成长与进步，又要宽容学生的错误，像父母、兄长一样关心他们，体谅他们的苦处，帮助他们改正缺点、战胜自我，才能让学生真正接纳教师。

★资料卡片★

张桂梅，女，满族，1957 年出生，中共党员，云南省丽江华坪女子高级中学党支部书记、校长，华坪县儿童福利院院长，荣获"时代楷模""全国优秀共产党员""全国先进工作者""全国师德标兵""全国最美乡村教师""全国脱贫攻坚楷模""感动中国 2020 年度人物"等称号。

张桂梅坚守教育报国初心，牢记立德树人使命，扎根贫困地区 40 多年，立志用教育扶贫斩断贫困代际传递，倾力建成全国第一所全免费女子高中，让 1 600 余名贫困山区女学生圆梦大学，托举起当地群众决战决胜脱贫攻坚的信心和希望。

张桂梅坚守初心、对党忠诚，积极响应党的号召，毅然到云南支援边疆建设，跨越千里，辗转多地，无怨无悔。她创办免费女子高中，帮助数千名山区女孩改变命运，为国家输送了一批又一批优秀学子。她坚决贯彻党的教育方针，将坚定的理想信念融入办学体系，用红色教育为师生铸魂塑形。

2000年，张桂梅在领取劳模奖金后，把全部奖金5 000元一次性交了党费。她把对党的忠诚和对人民的热爱渗透在血脉里，在她身上充分体现了一名共产党员初心如磐的精神品质和至诚至深的家国情怀。

张桂梅爱岗敬业、爱生如子，为了不让一名女孩因贫失学，坚持家访11年，走访贫困家庭1 300多户，行程十余万公里。她长期拖着病体工作，超量的付出透支了原本赢弱的身体，换来女子高中学生较好的学习成绩。

张桂梅不遗余力地践行着"只要我还有一口气，就要站在讲台上"的诺言，用实际行动铺就贫困学子用知识改变命运的圆梦之路。多年来，她一直住在学生宿舍，和孩子们吃住在一起，陪伴学生学习和生活。她在教书育人的岗位上为贫困地区教育事业作出了重要贡献，在她身上充分体现了人民教师潜心育人的敬业精神和立德树人的使命担当。

张桂梅执着奋斗、无私奉献，心怀大我，对自己近乎苛刻的节俭，却把工资、奖金和社会各界捐款100多万元全部投入贫困山区教育中。长期义务兼任华坪县儿童福利院院长，多方奔走筹集善款，20年来含辛茹苦养育136名孤儿，被孩子们亲切称呼为"妈妈"。她把全部身心献给了祖国西南贫困山区的教育和福利事业，在她身上充分体现了人民教师以德施教的仁爱之心和至善至美的师者大爱。

"感动中国2020年度人物"的颁奖词这样赞誉张桂梅：烂漫的山花中，我们发现你。自然击你以风雪，你报之以歌唱。命运置你于危崖，你馈人间以芬芳。不惧碾作尘，无意苦争春，以怒放的生命，向世界表达倔强。你是崖畔的桂，雪中的梅。

★**课堂活动**★

你有没有喜欢的老师？你们是怎样相处的？

第四节 人际关系之爱情

一、认识爱情

美国心理学家斯坦顿·皮尔认为，爱情是一种广泛的经历，它能为个人提供更多的机会接触世界和了解除了身边人以外的人，使人更活泼、勇敢、开放；爱情是一种帮助性的关系，双方彼此信任，能接受和提出批评而不担心影响两人的关系；爱情能提高一个人的能力，实现外部的成长，也能增进生活中的快乐，是友谊和吸引力的延续。

（一）爱情三角理论

美国心理学家罗伯特·斯滕伯格提出的爱情三角理论

认为，不同爱情都由三种成分构成，即亲密、激情和承诺。

亲密是情感性的，包括热情、理解、沟通、支持和分享等温暖体验，往往与精神领域的契合有关，也就是人们常说的三观一致，当激情期度过以后，亲密这个元素成为维系爱情长久发展的非常重要的因素。

激情是一种动机或驱力，主要特征为性的唤醒和欲望，也就是俗称的"有感觉"，一见钟情就是激情在起作用。

承诺是认知性的，指投身于爱情和努力维护爱情的决心，也就是愿意承诺与对方发展一段长期的亲密关系。既可以是短期的，例如承诺爱一个人，又可以是长期的，即忠诚和责任，是一种患难与共、矢志不渝的承诺。

这三个成分就是爱情三角形的三条边，每个成分的强度都可以有高低变化，因此爱情的三角形也就呈现各种角度和大小。

三个因素的存在或缺失，会在个体中产生不同类型的爱情体验。简化来看，爱情的类型主要有以下几种：

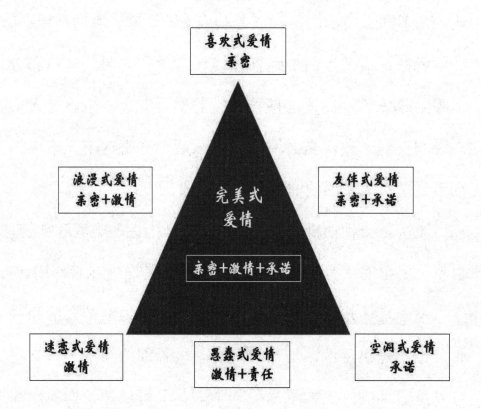

1.无爱

当亲密、激情、承诺三大要素均不具备时，就不存在爱情。这通常是人们对新认识的人的态度，两人可能仅仅是萍水相逢，点头之交，这种关系是随意、肤浅且不受约束的。

2.完美式爱情

当充分具备亲密、激情、承诺这三种爱情要素时，人们就能体验到完美的爱情。完美之爱本身是较为理想化的、较难长期持续的。但如果一段爱情曾存在完美之爱的阶段，就更容易长久，即使激情慢慢淡化，也可以通过双方的经营有所激发。

与其他类型的爱情相比，完美之爱提供了爱情长久的最佳可能。

3.喜欢式爱情

如果亲密程度高，激情和承诺程度低，就是喜欢式爱情，即两个人彼此亲近，但不存在性吸引和与对方共度余生的期望。

4.迷恋式爱情

如果激情程度高，亲密和承诺程度低，就是迷恋式爱情。对对方有着强烈的思慕，但并不熟识，甚至没说过话，这种激情之爱就属于迷恋。

5.空洞式爱情

如果只有承诺，但没有亲密和激情，就是空虚的爱，也就是空洞式爱情。这种爱没有温情的分享，也没有激情的火花，仅仅是由于社会和法律上的一些原因而在一起过日子，常见于包办婚姻的初始阶段。

6.浪漫式爱情

亲密与激情结合在一起形成的爱是浪漫之爱，这种爱情没有承诺，"不求天长地久，只求曾经拥有"，会因为幻想和新奇的减弱难以持久，往往是美好但短暂的。

7.友伴式爱情

亲密与承诺结合在一起形成的爱是友伴之爱，这种爱情以友谊为基础，包含温情和信任，但没有激情。例如，一对结婚五十年的夫妻，已经没有了年轻时的激情，但长久而幸福。

8.愚蠢式爱情

激情与承诺结合在一起，但缺少亲密的爱，被称作愚昧之爱。例如，双方由于激情而闪婚，但彼此并不十分了解，这种爱情往往维持不了多久。

爱情特征表			
分类	特征		
	亲密	激情	承诺
无爱			
完美式爱情	*	*	*
喜欢式爱情	*		
迷恋式爱情		*	
空洞式爱情			*
浪漫式爱情	*	*	
友伴式爱情	*		*
愚蠢式爱情		*	*

在现实生活中，爱情的分类往往并非如此泾渭分明，人们对爱的实际体验是复杂的，爱情的三个组成成分也会随着时间的变化而发生变化，所以一对爱情伴侣在不同时

期可能会体验到不同类型的爱情。例如，一对伴侣从无爱状态开始相识，互相吸引和亲近，形成"浪漫之爱"，之后逐渐相知相许，加深了对彼此的承诺，慢慢形成"完美之爱"，随着时间的推移激情散去，又逐渐变成"友伴之爱"。

另外，两个人可能对这三种爱情成分有着不同的理解和感知，对双方关系的认识和期待也会存在差异。例如，一方在进入爱情初期，就表示希望与对方发展成为长期的亲密关系，但另一方认为彼此了解得不够深入，还不想作出承诺。

爱情三角理论只是一个模型，并非三种因素齐备才能谈恋爱。亲密与承诺需要一定时间的磨合，才能逐渐形成，激情与欲望的维护也需要时间。总之，爱与被爱都是一种能力，需要不断实践和培养。

爱情三角理论可以作为一种指引，帮助情侣们看清其在激情、亲密和承诺三方面的匹配程度。

（二）正确的爱情观

什么是正确的爱情观？一般来讲，正确的爱情观要具备以下几个特点：

1.基于现行法律、主流道德导向

恋爱要严肃认真、感情专一。爱情是一个男性与一个女性之间的爱慕关系，这种关系包括自己特有的感情和义务，它只能存在于恋爱者两人之间，不容许第三者介入。并且，恋爱不是儿戏，双方要真诚相待、实事求是。无数事实证明，

用欺骗手段骗取爱情，是不会幸福的。

另外，双方一旦建立了恋爱关系，就要忠贞专一、一心一意，不能三心二意、见异思迁。任何一个人搞三角恋

爱、多角恋爱的行为，都是不道德的。

2.正确处理爱情与学业、与事业之间的关系

爱情是美好的，它是人生的重要组成部分，但不是人生的全部，它应该服从于学业、事业，促进学业的进步、事业的发展。一个人只有学业、事业取得成功，其爱情之花才会开得更加鲜艳芬芳。

所以，人应把学业、事业放在首位，摆正爱情与学业、与事业的关系，不要把宝贵的时间全部用于谈情说爱，而放松了学习和事业。

没有学业、事业的爱情，如同在沙漠中播种，缺乏坚实的根基和土壤，迟早会枯萎。爱情只有与学业、与事业相结合，才会有旺盛和持久的生命力。

3.提倡志同道合的爱情

恋爱应把具有一致思想、共同信仰和追求放在首要地位，把心灵美好、情操高尚、心理相融作为择偶的第一标

准。莎士比亚曾说：爱情不是树荫下的甜言，不是桃花源中的蜜语，不是轻绵的眼泪，更不是死硬的强迫，而是建立在共同基础上的心灵沟通。

因此，在恋人的选择上，最重要的条件应该是志同道合，思想品德、事业理想和生活情趣等大体一致。马克思和燕妮的崇高爱情，就是建立在志同道合的基础上的，正是因为如此，他们的爱情才经受住了艰难困苦的考验，被传为佳话。

正确的爱情观应该是理想、道德、义务、事业与爱的有机结合。

4.要懂得爱情是一种责任和奉献

爱不仅是得到，更重要的是责任和奉献。

在社会生活中，人具有两方面的责任：第一个方面是个人对社会应尽的责任；第二个方面是个人对家庭、父母、孩子、朋友和爱人的责任。

第二个方面的责任属于私人生活性质，是社会干预最为微弱的生活领域，主要依靠良好的道德修养和自觉的责任感来维持。正因为如此，它体现了一个人的人格魅力。一旦进入爱的王国，就必须具有强烈的责任感和奉献精神，才能获得崇高的爱情。

5.多一些理解、信任和宽容，互相尊重

在恋爱的过程中，应多一些理解、信任和宽容，互相尊重，共同进步。爱情是互爱的统一，相爱的双方都有独立的人格和独立的精神世界，既不能完全依附对方，又不能要求完全占有对方。

谈恋爱与做人一样，理解、信任、诚实和宽容都是十分可贵的品质。爱在很多时候意味着一种付出，要相知、相敬、相让。

世界上没有十全十美的人，两个人在一起并不是简单的组合，必须互相迁就。爱一个人，就必须接受他的一切，包括缺点。

什么是正确的婚姻观？人们都渴望有个美满的婚姻，因为婚姻是组成新家庭的标志。

婚姻应源自爱情，而不应是爱情的坟墓。因为结婚的夫妻是志趣相投的亲密好友，并有着深厚的感情基础，在很多事情上有着不谋而合的看法，最终基于共同的生活目标走到一起，并携手共度余生。

二、性意识与早恋

《中华人民共和国未成年人保护法》（2020 年修订版）明确提出，学校、幼儿园应当对未成年人开展适合其年龄的性教育。

中华人民共和国教育部颁布的《未成年人学校保护规定》指出，学校要树立以生命关怀为核心的教育理念，有针对性地开展青春期教育、性教育，使学生了解生理健康知识，提高防范性侵害、性骚扰的自我保护意识和能力。

《中国儿童发展纲要（2021—2030）》明确提及"性教育"，在"儿童与健康"部分，增加"适龄儿童普遍接受性教育，儿童性健康服务可及性明显提高"一条主要目标，并提出"将性教育纳入基础教育体系和质量监测体系，增强教育效果"的策略措施。

（一）性意识

性意识是指针对相关对象能引发性欲和性唤起的神经反射。一个人的性取向可能会影响他们的性意识及对另一个人的兴趣和吸引力，影响性意识的因素有生物、情感、生理或精神方面。

1.青春期发育阶段的性意识

青春期早期：从第二性征开始出现，至女孩出现月经初潮、男孩出现首次梦遗为止，表现是体格生长突增，年龄因人而异。

青春期中期：以性器官及第二性征发育为主，以女孩出现月经初潮、男孩出现首次梦遗为该时期的开始，以第二性征发育成熟为止，年龄因人而异。

青春期晚期：自第二性征发育成熟至生殖功能完全成熟、身高增长停止为止，女孩在这个阶段开始出现周期性月经，年龄因人而异。

2.性意识的四个阶段

美国心理学家赫洛克把青春期的性意识分为以下四个阶段：

（1）疏远异性的性厌恶期。青少年在成长过程中，当自己身上发生青春期的生理变化时，由于发现了人类性生理的一些奥秘，因此对性产生了不安、害羞和反感，认为恋爱是不纯洁的表现，于是对异性采取回避、冷淡和粗暴的态度。

（2）向往年长异性的牛犊恋期。在这一时期里，青少年会像小牛恋母似的倾慕于年长异性的一举一动，他们对异性的爱慕是从比自己年长得多的异性开始的。也有些男孩和女孩开始感受到异性的吸引力，开始打扮自己，以博得异性的欢心。

（3）接近异性的狂热期。在这一时期，青少年一般只把年龄相当的异性作为向往的对象，在各种集体活动中，无论是男孩，还是女孩，都努力设法引起异性对自己的注意，尽量创造机会与自己中意的异性接近。但由于双方的理想主义成分太高，以自我为中心的意识太强，所以冲突较多，接近的对象也会经常变换。

（4）青春后期的浪漫恋爱期。浪漫恋爱的显著标志是爱情集中于一个异性，对其他异性的关心明显地减少了。这段时期，男女都喜欢与自己选择的对象在一起，如想方设法单独约会，不愿参加集体性的社会活动，经常陷入结婚的幻想中，得到独立感的满足。

3.性意识的主要表现

性意识的主要表现是指青少年到了青春期后所产生的关于性的一些心理现象，如性幻想、性梦和手淫。

（1）性幻想。性幻想是与性有关的虚构想象，是一种普遍存在的性心理现象。幻想的性质与梦相似，是人们内心愿望的反映，又称"白日梦"。性幻想是能自我控制的，是暂时的；幻想者能清楚地认识到其内容是虚构的，是不存在于现实生活中的。

在青春发育期，一些同学对异性的爱慕、渴望很强烈，但由于社会现实环境的约束，这方面的欲望不可能得到满足。于是，他们便把自己在小说、影视等文学作品中，或在生活中看到、听到的恋爱故事，经过大脑的重新组合而编成以自己为主角的性爱故事，通过这种自编自演的、不受时空限制的幻想，来满足自己对性的心理欲求。

性幻想对于青春期的人来说，有一定的积极意义。它可以不受时间、空间的限制，不怕别人窥破，容许我们暂时超脱现实，用幻想加强自我价值观，用幻想舒缓压力和紧张，并及时减轻妨碍我们获得情绪满足的最大障碍，即焦虑。

性幻想多发生在睡觉之前，或睡醒之后，以及闲暇的时候。幻想的内容因人而异，即个人的经历、爱好、思想，以及近期阅读的书籍、观看的影视作品等，都可以成为性幻想的素材。

但性幻想必须是适度的，尤其对于青春发育期的少男少女来说，若一味沉湎于性幻想之中，则会导致精神萎靡、延误学业，甚至误入歧途而走上性犯罪道路或产生性心理障碍。

（2）性梦。性梦是一种正常的性心理现象。青春期的少男少女凡做带有性内容的梦，就叫作"性梦"。

性梦十分常见，在一项研究中，研究者对 250 名大中学生进行调查，结果表明，其中 66.4%的人做过关于"性经验"的梦，如果加上其他形式的性内容，则几乎每个人都做过这类梦。

心理学家认为，性梦是人潜意识中被压抑的性欲冲动的自发暴露，是性心理、性生理发育正常的标志。性梦的自然宣泄，类似一种安全阀的作用，可以缓和累积的性张力，有利于性器官功能的完善与成熟。

心理学家弗洛伊德认为，梦的功能是保护睡眠，当人们睡着时，自我警惕放松了，被压抑的愿望（经常是关于"性"的）冲进意识打断睡眠。这些愿望被允许以梦这样的伪装形式得到部分表达，这种将无意识的愿望转变成梦的想象过程被称为梦的工作。

因此，性梦与道德品质一点关系也没有。人不可能因为道德品质好就不做性梦，也不可能因为道德败坏就夜夜做性梦，我们完全不必以社会道德来评判自己的性梦。

（3）手淫。无论男女，到了青春期，由于生理的改变，都会自然而然地产生性的冲动和要求，这段时间处于性紧张状态，对性问题满怀憧憬、好奇、幻想。作为一种本能，他们会在性生理和性心理的驱使下开始有意识的手淫。

研究资料表明，86%的人有手淫史，发生手淫的年龄多数从 12～16 岁开始，平均年龄 14 岁。适度手淫并不是什么坏事情，但过度手淫就属于心理障碍，并会严重影响身体健康，主要表现为意志消沉、记忆力减退、注意力不集中、理解力下降、失眠、多梦、头昏、心悸等。

对于青少年来说，手淫可能造成难以自拔的精神负担，尤其是过度手淫，会使其产生内疚和自责心理，往往想要改正，可又难以自制，因此恶性循环，最终会使其精神受到损害。

（二）早恋

早恋指的是未成年男女建立恋爱关系或对异性感兴趣、痴情或暗恋。

随着物质生活条件的不断改善，人们的精神世界发生了很大变化。特别是近些年来，早恋现象逐渐增多，给青少年的健康成长和家庭的幸福生活带来极大危害。

1.早恋的特点

为了更好地帮助中职生了解早恋，以下是一些常见的早恋特征：

（1）朦胧性。青少年对早恋发展的结局并不清楚，早恋青少年只是渴望与异性单独接触，对未来家庭的建立、爱情与学术关系的处理、友谊与爱情的区别等缺乏清晰的认识。

（2）矛盾性。早恋的青少年心里充满了矛盾，他们想接触自己喜欢的异性，但还害怕被父母发现。可以说，快乐和痛苦在早恋的过程中共存。对于暗恋的早恋者来说，这种矛盾也体现在是否向被暗恋者表白的矛盾上。

（3）变异性。友谊充满变化和不稳定性，因为青少年往往缺乏处理人际关系的技能和经验，导致双方缺乏相互信任，这种由友谊变为爱情的关系通常很难持续下去，往往会导致双方心理上的痛苦。

（4）差异性。青少年的早恋行为有明显的差异，在行为方式上极其隐蔽，通过信件、电话或网络、私人进行沟通和情感交流，家长和老师很难察觉到，但也有青少年会在许多场合披露他们的恋爱关系。

在某种程度上，大多数早恋者主要交流感情或一起玩耍；在人际关系方面，一般没有超过正常朋友的交往范围，但有些早恋者发展得很深，甚至发生性关系。

2.早恋的类型

那么，早恋主要有哪几种不同的类型呢？

（1）爱慕型。这类青少年由于互相爱慕而产生早恋现象。这类早恋十分常见，而根据爱慕原因的不同，又可分为下面三类：

第一类是仪表型。这类早恋是由于爱慕对方外在的仪表而产生的，也是最常见但最难以持续和稳定的。学校中总有英俊的男生和漂亮的女生备受异性追崇，就是含有这个因素。

第二类是专长型。这是由于爱慕对方的某项自己崇尚的能力或专长而产生的早恋。这类早恋常常是女孩子主动对异性进行表白。

第三类是品性型。这类早恋是由于爱慕对方的某些自己崇尚的品性而产生的，相较于其他类型的早恋而言，这种类型的早恋维持得较久。

（2）好奇型。这是由于对异性存有好奇心而产生的早恋现象。随着性意识的不断发展，青少年会产生对异性身体、生活、心理和异性对自己态度的好奇，这是青春期青少年的一种心理现象。青少年容易产生性冲动，从而对异性持有一种敏感的态度，很多青少年是为了满足这种好奇心，而去结交异性朋友。

（3）模仿型。这是由于模仿社会上、影视作品和报刊书籍中的行为而产生的早恋现象。

（4）从众型。这是迫于周围同龄人的压力而产生的早恋现象。例如，某对青少年男女本来不存在恋爱关系，但被周围的人杜撰出来，即出现了"谣言"或者"绯闻"。

在这样的环境下，迫于舆论的压力，有些青少年男女就很容易产生早恋。

（5）愉悦型。青春期的男女作为同学、同桌，由于平时有较多的交流和信息传递，会对对方产生更为细致和透彻的了解，在这种情况下很容易产生早恋。这也是"同班恋""同桌恋"产生的重要原因。

（6）补偿型。一些青少年在学习或生活中遭受了挫折，自尊心受到了伤害，为达到发泄的目的，往往会找异性来交往，在早恋中忘掉痛苦，以谋求补偿。一部分青少年在这类早恋中融入了真实的感情，容易使早恋深化。

（7）逆反型。受到社会意识和舆论方面因素的影响，青少年的两性交往常会受到家长和老师的不恰当干预，反而容易诱发青少年"你们不许我这样做，我偏要这样做"的心理。在这种逆反心理的作用下，本来正常、恰当的异性交往，可能迅速向早恋发展。

（8）病理型。在当代社会，由于营养条件优越而造成一些青少年营养过剩、有些食物中含有过高的性激素、有些青少年受遗传因素的影响而患有特殊的生理疾病等，都容易造成青少年的心理早熟，甚至产生性变态心理，这是诱发青少年早恋的主要客观因素。

★课堂活动★

你有没有喜欢的异性？如果有，你是怎么处理你们的关系的？

早恋的危害有很多，如果青少年出现早恋情况，应该及时加以劝阻，以保持正常的同学关系，早恋的危害如下：

第一，会损害身心健康。早恋必然会花费很多的时间与精力，又会担心被父母、老师和同学发现，精神压力和负担就会较大，会损害身心健康，不利于青少年的发展。大多数青少年情绪不稳定、易冲动、自控能力比较差，容易发生越轨行为，甚至出现怀孕情况，这样就会给青少年造成很大的精神伤害和身体伤害。

第二，可能会影响个人的前途。早恋在一定程度上浪费时间、分散精力、影响学习，多数可能造成学习成绩下滑，影响个人的升学和前途。

第三，如果恋爱失败，还会带来很大痛苦。多数早恋都是以失败而告终的，这会给青少年带来心理创伤和精神痛苦。

第四，有可能会发生违法犯罪的行为。在恋爱的时候，需要金钱和精力的投入，为了经费，有些人可能会走上违法犯罪的道路。

★答疑解惑★

1.教师和父母应该如何应对孩子的青春期恋爱？

恋爱关系对于青少年的社会性发展具有重要意义。健康的青春期恋爱，可以帮助青少年发展自己的社会情感能力，健全自己的人格，完善自己的道德观念，并为将来的人际交往打下基础。因此，教师和父母不应将青春期恋爱视为"洪水猛兽"，而应加以正确引导，传达积极、正面的思想，让青少年认识到爱情中的美好品质，切勿打破他们对于爱情的美好向往。

当然，青春期的爱情心理有其特殊性。青少年处于从儿童到成年人的过渡时期，他们大多在恋爱问题中并非像成年人那样在意关系的联结和长久性，而是更多地关注自我探索和自我发展。青春期的孩子更容易关注异性，也愿意让异性关注自己，注重穿着打扮，在意异性对自己的看法。这些都是正常的现象，教师和父母要让孩子认识到这一点。当孩子能够直面这一份内心的悸动，它很可能成为自我发展和完善的激励因素。

2. 青春期的爱情是"真正的爱情"吗？"早恋"必须禁止吗？

调查研究显示，青少年的恋爱行为并不罕见，也不容忽视。一方面，当青少年的这段关系本身具有一定的排他性，包含亲密、激情或承诺的爱情元素时，我们很难说出"真正的爱情"与之的特定界限或区别；另一方面，即使青少年对于爱情还没有足够的经验和体会，我们也要尊重他们的情感发展，尊重他们的感觉和对于情感的探索。

相当一部分学校和父母对于青少年恋爱的态度是"明令禁止"，然而，这种专制打压的方式未必能产生很好的效果，甚至会使学生的恋情从"公开"转入"地下"，作为青少年的教育者和监护人，失掉了知情和获得孩子信任的机会。

父母在面对处于青春期恋爱中的孩子时，需要传达积极、正面的思想，让他们认识到爱情中的美好品质，切勿一味消极压制，打破他们对于爱情的美好向往。在这一过程中，教师或父母可以引导孩子学会关心、学会表达、学会完善自我，这些都是追求爱情的重要品质。

同时，父母也要帮助孩子看清青春期爱情的风险性因素。诸多研究表明，处于青春发育期的青少年身心尚未成熟，其恋爱往往表现出不稳定性高、周期性短等特点。由此引发的暗恋、失恋或恋爱中的矛盾，成为情绪问题的根源，进而影响学习、生活和身心健康。

对此，教育者要教育青少年在遭遇爱情烦恼时，学会接纳自己的情绪，学会自我调节（如找到消极事件的积极意义、转移注意力、合理宣泄等），向家人、老师或同伴倾诉等；也要教会青少年学会自我保护，包括教会青少年在生理卫生、自我保健、避孕等方面的知识；培养青少年交流、协商、做负责任的决定等能力。

三、青春期自我保护

（一）把握友谊与爱情的界限

第一，要珍惜男女同学之间的真诚友谊。青春期的学生对异性之间的友谊需求是非常强烈的，男女同学之间相互尊重、和睦相处、正常交往是应当鼓励的，我们不必对此疑虑重重、躲躲闪闪，而应该心胸坦荡、落落大方。要在共同的学习、工作和生活中，建立、发展、深化纯真的友谊。

第二，要把握两性交往中的分寸感，这一点非常重要。对于异性之间的友谊，稍不留神就可能发展为所谓的"爱情"（有许多并不是真正的爱情），所以必须把两性间的交往保持在一定的限度内，才能在友谊的方向上健康发展。

注重界限在行为上的表现，例如，男女同学的接触不能过于随便、粗俗，或过于亲昵、轻佻，搂肩、抱腰等举止已超越了友谊的界限，在男女同学的交往中是不应该出现的。

第三，对于动了真情的初恋关系，无论是单方面的，还是双方的，都应该采取"冷冻法"。

当异性同学向自己示爱时，既要坚决回绝，又要注意方法妥当，尽量避免两人单独相处，多与其他同学交往。

当双方都有真情时，要理智对待，要懂得双方的"感情基础是浅薄的、极不稳定的，而且是容易变化的"，同时要知道学校纪律及父母都反对早恋等这样一些社会约束的存在。

（二）杜绝婚前性行为

青春期的性冲动不但会使一些意志薄弱的青少年发生早恋，还有可能出现性行为。对于未成年人婚前的性行为，无论是出自什么原因，都会导致多方面的严重后果，会给个人、家庭和社会带来种种不幸，因此杜绝婚前性行为，不仅是学校纪律、社会道德的要求，而且是实现个人全面发展、构建美满幸福婚姻的需要。

（三）远离黄色信息

社会上的黄色信息给青少年带来极大的消极影响和毒害，黄色信息的主要载体有书刊、画报、光碟、网站等。这些黄色信息把本应在私下、隐秘场合下只有亲密爱人间才能有的性爱变成了污秽的、公开的、供人观赏的场景，变成了用来赚取商业利润的工具。

因此，这些黄色信息是非人性的、反人伦的和严重危害社会的，教育工作者和家长要不断教导青少年远离这些黄色信息。

（四）拒绝网络性爱

网络性爱包括网上性行为和网络恋爱。

网络性行为是通过电脑显示屏上的文字、图像或声音来表达、传递性爱的内容，有的还伴有手淫，这会给青少年带来严重的身心危害。

由于网络恋爱是虚拟的，青少年不但容易在交往中突破道德的约束，直奔性主题，沉溺其中，也容易引起其对现实生活中人际交往的冷漠，更容易染上"网络成瘾综合征"。

（五）正确对付"性骚扰"

1.什么是性骚扰

性骚扰是指强加于人的性宣泄。较常见的性骚扰行为有以下几种：

（1）身体的接触，即不必要的接触或抚摸他人的身体，故意擦撞，强行搭肩膀或手臂，故意紧贴他人等。

（2）言语的接触，即不必要而故意谈论有关性的话题，询问个人的性隐私、性生活，对别人的衣着、外貌和身材给予性方面的评语，故意讲述色情笑话和故事等。

（3）非言语的行为，即故意发出接吻的声调，身体或手的动作具有性的暗示，用暧昧的眼光打量对方，向对方展示与性有关的物件，向对方暴露自己的性器官等。

（4）以性作为贿赂或要挟的行为，以同意性服务作为借口，来换取一些利益，甚至以威胁的手段，强迫进行性行为。

2.怎样对付性骚扰

（1）两性必须建立良好而平等的关系。很多时候，性骚扰都是言语上的，而背后的原因就是不尊重的态度和性别的优越感。因此，要避免性骚扰的发生，两性间必须建立良好而又平等的关系。

具体地说，青少年在与人相处时，要先定下两人可以接受的亲密程度，并需要自我警惕，看看对方的语言和行为是否尊重了自己的意愿和人格。

（2）保持冷静，表明态度。

一是要肯定自己是否受到了性骚扰，要相信自己的直觉，有不舒服的感觉时，不要怀疑，要相信自己。

二是从一开始就表明自己拒绝的态度，隐藏自己的态度会让对方以为你是接受的，拒绝的态度要明确，平静、清楚地告诉对方你的不悦，请对方尊重你，也请他自爱自重。而拒绝的态度必须前后一致，否则会引起对方探究的兴趣，以为你只是半推半就而已。

（3）向一个可以信任的人倾诉或寻求帮助。青少年遭遇性骚扰，是一件令人沮丧、痛苦，甚至愤怒的事情。

即使事情解决了，也可以向自己信赖的人倾诉，这样可以获得心理上的支持，防止类似事情再次发生；若事情还未解决，则必须向自己信任的人倾诉，可以一起想办法阻止事情继续发生。

（4）收集证据，向有关部门投诉。青少年若是经常受到性骚扰，就必须将事情发生的时间、地点和对方的行为、语言等记录下来，以便作为投诉的证据。

（5）如果性骚扰发生在公共场所，则要坚决离开，或利用群众的力量吓退骚扰者；如果情节严重，则要报警寻求保护。

（六）预防性病和艾滋病

1.预防性病

（1）性病的概念

性病是性传播疾病的简称，是指以性接触为主要传播途径的疾病。

根据 2012 年卫生部令第 89 号《性病防治管理办法》第一章第二条的规定，我国把梅毒、淋病、生殖道沙眼衣原体感染、尖锐湿疣、生殖器疱疹等列为重点监测的性病。

（2）性病的危害

①危害个人。性病轻则引起生殖器官损害造成莫大痛苦，可导致不育或丧失劳动力；重则侵犯内脏导致残疾，甚至死亡。

②危害家庭。患者得性病后，通过性生活传染给配偶，或通过分泌物污染物品，如通过毛巾、脚盆等传染给家属，使性病在家庭中传播，造成不良后果。

③危害下一代。女性性病患者容易导致流产、早产、死产及胎儿先天性畸形。

此外，胎儿在宫内及分娩过程中也会受到性病的感染，造成新生儿结膜炎、淋菌性眼炎，以及衣原体肺炎，增加新生儿的死亡率。

④危害社会。性病的蔓延，损害社会风气，毒化社会环境，甚至影响整个民族的人口素质。

（3）性病传播的途径

①不洁性乱是性病最重要的、直接的传播途径。

②接触性病病人病变的部位、病人的排泄物，或接触被污染的公共浴池、脚盆、脚布、坐式马桶或其他生活用品，而引起传染。

③梅毒病原体通过胎盘直接使胎儿受到感染，导致胎儿携带先天性梅毒，新生儿通过产道的短时间内也会被感染，引起新生儿淋病或淋菌性眼炎。

（4）怎样预防性病

①树立正确的性道德观念，自觉抵制不合法的婚外性行为和婚前性行为。

②禁止卖淫、嫖娼活动。

③早期发现疾病，及时治疗。

④在婚前，进行健康检查。患有性病未经治愈者，不得结婚。

2.预防艾滋病

艾滋病，又称获得性免疫缺陷综合征，是一种主要经性接触和血液传播的病毒性传染病。

（1）艾滋病的常见症状

①一般性症状：持续发热、虚弱、盗汗，全身浅表淋巴结肿大，在短期内体重下降可达 10%以上，最多可降低 40%，病人消瘦得特别明显。

②呼吸道症状：长期咳嗽、血痰、胸痛、呼吸困难。

③消化道症状：食欲下降、厌食、恶心、呕血、便血、腹泻，并且一般的治疗无效。

④神经系统症状：头晕、头痛、反应迟钝、精神异常、抽搐、偏瘫、痴呆等。

⑤皮肤和黏膜损害：弥漫性丘疹、疱疹、口腔和咽部黏膜炎症、溃烂。

⑥肿瘤：可出现卡波西肉瘤和非霍奇金淋巴瘤。

（2）艾滋病的传播途径

艾滋病主要有以下三条传播途径：

①性传播。与艾滋病病人或艾滋病病毒感染者有性接触，也就是说性关系混乱者最容易被感染。

②血液传播。使用被艾滋病病毒感染过的注射器、血液及制品，特别是静脉注射毒品者最危险。

③母婴传播。被艾滋病病毒感染的母亲，可将病毒传染给胎儿。

（3）怎样预防艾滋病

①洁身自好，不发生任何非婚性行为。

②不吸毒。

③不使用别人用过的未经消毒的注射器、拔牙工具、剃须刀和牙刷等。

④尽量避免输血。如果必须输血时，要使用经过检测确定是安全的血液；避免直接接触他人的血液或伤口；必须接触时，要戴手套或者其他可用的隔离用品。

⑤关心、帮助、不歧视艾滋病病人及艾滋病病毒感染者，这样有利于艾滋病的防治。

⑥凡感染艾滋病病毒的女性要避免怀孕，以免将病毒传给下一代。

★知识链接★

为提高人们对艾滋病的认识，世界卫生组织于 1988 年将每年的 12 月 1 日定为世界艾滋病日，号召世界各国和国际组织在这一天举办相关活动，来宣传和普及预防艾滋病的知识。

世界艾滋病日的标志是红丝带。红丝带标志的意义：红丝带像一条纽带，将世界人民紧紧联系在一起，共同抗击艾滋病。它象征着我们对艾滋病病毒感染者和艾滋病患者的关心与支持，象征着我们对生命的热爱和对和平的渴望，象征着我们要用"心"来参与预防艾滋病的工作。

课后练习

1.什么是正确的爱情观？

2.赫洛克把青春期的性意识分为几个阶段？

3.早恋的危害有哪些？

4.怎样做好青春期自我保护？

第五章 学会有效学习

爱因斯坦曾经给青年学生写过一封信，信的部分内容如下：

学习是一件很简单的事，而且非常有趣。也许你不同意我的看法，每天一背起书包就垂头丧气，仿佛一场灾难即将降临。你害怕上学，主要是你害怕学习。如果说得更确切，那就是你不会学习。

会不会学习非常关键。就如伐木工人用斧头一上午只能砍一棵大树，但用电锯十分钟就锯完了一样，学习方法就是工具，如果没有好的学习方法，即使你每天刻苦努力，也不会取得好的成绩。

不过，我首先得坦言，小时候我的学习成绩很糟糕，原因就是没有掌握好的学习方法。如果以前我就读过一些关于如何学习的书，那么我的成绩肯定不会那样糟。

只有学会学习的人，才能感受到学习的乐趣。只有在快乐中学习的人，才能学得更聪明。热爱学习吧，年轻人！

第一节 什么是学习

一、学习的概念和特点

（一）学习的概念

学习的概念有广义与狭义之分。

1.广义的学习

广义的学习是指人与动物在生活过程中凭借经验产生的行为或行为潜能的相对持久的变化。这一概念包含三层意思：

（1）学习表现为行为或行为潜能的变化。通过学习，我们的行为会发生某种变化，如从不会游泳到会游泳。当然，有些学习不会在我们当前的行为中立即表现出来，但会影响我们对待事物的态度和价值观，即改变我们的行为潜能。

（2）学习所引起的行为或行为潜能的变化是相对持久的，如学会游泳后游泳技能将终身不忘。

药物、疾病、疲劳等因素也会引起行为或行为潜能的变化，但这种变化是暂时的，因此不能称为学习，如运动员使用兴奋剂提高成绩、学生因疾病而降低学习成绩等。

（3）学习是由经验引起的。有时候，个体的生理成熟或衰老会引起行为的持久改变，如青春期少年的嗓音变化，这是由生理成熟引起的，与经验无关，所以不能称为学习。

由经验产生的学习主要有两种：

一种是正规学习，如有计划的训练或练习、学校的学习等；另一种是随机学习，因偶然的生活经历而产生，如幼儿被开水烫一次就知道开水不能摸。

2.狭义的学习

狭义的学习专指学生的学习，是指在教师的指导下，有目的、有计划、有组织、有系统地进行的，在较短的时间内接受前人所积累的科学文化知识和技能，并以此来充实自己的过程。

（二）学习的特点

学生的学习内容可以分为三个方面：

一是知识、技能和学习策略的掌握。

二是问题解决能力和创造力的发展。

三是道德品质和健康心理的培养。

学习具有如下特点：

1.接受学习是学习的主要形式

学生学习是在教师的指导下，有目的、有计划、有组织、有系统地进行的，在短时间内接受前人所积累的文化科学知识，并以此来促进自己发展和完善的过程。

2.学习过程是主动建构的过程

学生的学习必须通过一系列的主动建构活动来接收信

息，形成经验结构或心理结构，这一点越来越成为研究者的共识。

3.学习内容的间接性

在经验传递系统中，学生主要是接受前人的经验，而不是亲自去发现经验，因此所获得的经验具有间接性。

4.学习的连续性

学生的学习是一个连续的过程，前面的学习为后面的学习奠定基础，后面的学习又是对前面学习的补充和完善。

5.学习目标的全面性

学生的学习不仅要掌握知识经验和技能，而且要发展智能，形成良好的学习习惯和态度，并增进人的品德、促进人格的发展。

6.学习过程的互动性

重视教学中教师与学生、学生与学生之间的互动，倡导合作学习、交互教学，这是当前教学改革的重要趋势。

二、学习的意义

学习是一个人获得知识、技能和经验的过程，是一个人适应环境的手段。通过学习，一个人的行为和能力会发生相对持久的变化。

（一）学习决定人生

学习是由不知到知之，由知之甚少到知之较多的过程，是一个由不会到会、由会得不多到精益求精的过程。

每个人都得学习，并且一生都得学习，尤其是在出生到青年这个阶段，学习与否、学得如何，更有着决定一个人命运的意义。

例如，"走"这个行为能力并不是天生的，孩子到了1岁左右开始在父母的帮助下学习"走"，再后来就是"跑"。如果我们不学习走路，那么我们的一生就只能卧床不起或者靠轮椅行动。如果连路都不会走，就更不用说跑了。如果我们"走"得很好，或"跑"得很好，我们还可以在教练的指导下继续学习，最后可能成为一名职业运动员，或竞走，或长跑，甚至成为名冠赛场的著名运动员。

★资料卡片★

1920 年的一天，印度一位牧师在丛林里救下了两个由狼抚养长大的女孩儿。这两个女孩儿，大的七八岁，起名为卡玛娜，活到了十七岁；小的不到两岁，一年后就死了。

卡玛娜不肯穿衣服，用四肢爬行，喜欢白天缩在黑暗的角落里睡觉，夜里则像狼一样嚎叫，四处游荡，想逃回丛林。她的许多生活特征都和狼一样，例如用鼻子四处嗅闻寻找食物，喜欢吃生肉，不吃素食；牙齿特别尖利，耳朵还能抖动。经过心理学家和医学家的多年训练，她的生活习性始终没有改变，且十七岁时的智力水平只相当于三岁半的儿童。

卡玛娜这个著名的"狼孩儿"也在学习，只是学习的是狼的生存技能和经验，她虽拥有人的身体，但却最终无法拥有人的心智，自然就无法拥有人的生活。

可见，学习以及学习什么、如何学习，对人的一生发展是非常重要的。

（二）学习是一个人适应环境的手段

学习是一种适应性活动。一个人要生存，就必须适应环境变化。而一个人天生的本能，如吮吸、防御等，是无法保证生存的。因此，作为一个个体，我们必须通过学习获得、积累各种必需的知识和技能，才能在不断变化的自然环境和社会环境中生存、发展。否则，我们就很难就业，而创业就更需要以相应的社会知识、专业知识和在实践中不断积累的各种经验作为后盾。

（三）学习能使一个人的行为或能力发生相对持久的变化

学习能使学习者在行为、知识、技能或能力等方面发生某种相对持久的变化。例如骑自行车，人一旦学会了，

175

即使长期不骑，这种能力也不会彻底消失。

在生活中，还有许多因素会引起我们的行为发生变化，例如疲劳、外伤、饮酒等，但这些变化都是生理变化，是暂时的变化，即等休息好了、伤愈了、酒力消退了，这种变化就消失了，因此这些变化不是学习带来的。

（四）学习能激发人的潜能

其实，学习引起的变化更多的并不立即见之于外显的行为，而是引起我们心理结构的变化，即潜能的储备。

有些人小时候学习成绩并不出众，但后来却成为伟人，取得了常人难以企及的伟大成就。例如，达尔文小时候曾被认为是低能儿，牛顿在学生时代的成绩也很差，数学家华罗庚在初一时还补考过数学。是什么使他们后来发生了巨大的变化呢？是学习！学习把他们大脑中最擅长的潜能激发并发展了起来。头脑越用越聪明，说的就是这个道理。

★成语故事★

囊萤映雪

"囊萤"讲的是车胤的故事。

东晋时期，车胤从小就好学不倦，但因家境贫困，父亲无法为他提供良好的学习环境，没有多余的钱买灯油供他晚上读书。

夏天的一个傍晚，车胤正在院子里背文章，忽然看见许多萤火虫在低空中飞舞，一闪一闪的光点在渐渐暗下来的天空中显得有些耀眼。

他想，如果把许多萤火虫集中在一起，不就成为一盏灯了吗！于是，他去找了一只白绢口袋，随即抓了几十只萤火虫放在里面，再扎住袋口，把它吊起来。

虽然不怎么明亮，但可勉强用来看书了。从此，只要有萤火虫，他就去抓一把来当作灯用。由于他勤学苦练，后来做了职位很高的官。

"映雪"讲的是孙康的故事。

孙康也是晋代人，他的情况跟车胤相似。由于没钱买灯油，晚上不能看书，只能早早睡觉。他觉得让时间这样白白浪费掉非常可惜。

一天半夜，他从睡梦中醒来，把头侧向窗户时，发现窗缝里透进一丝光亮。原来，那是大雪映出来的。

为何不借着雪光来看书呢？孙康倦意顿失，立即穿好衣服，取出书籍，来到屋外，宽阔的大地上映出的雪光比屋里要亮多了。孙康不顾寒冷，立即看起书来，手脚冻僵了，就起身跑一跑，同时搓一搓手指。

此后，每逢有雪的晚上，他就不放过这个好机会，孜孜不倦地读书。这种苦学的精神，促使他的学识突飞猛进，成为饱学之士。后来，他也当了高官。

★名人名言★

学如逆水行舟，不进则退。　　　——《增广贤文》

学而不思则罔，思而不学则殆。　——孔子《论语》

学习知识要善于思考，思考，再思考。

　　　　　　　　　　　——阿尔伯特·爱因斯坦

学而不用则废，用而不学则滞；学用必须结合，二者缺一不可。　　　　　　　　——周海中

我们一定要给自己提出这样的任务：第一是学习，第二是学习，第三还是学习。

　　　　　　　　——弗拉基米尔·伊里奇·列宁

在寻求真理的长河中，唯有学习，不断地学习，勤奋地学习，有创造性地学习，才能越重山跨峻岭。

　　　　　　　　　　　　　　——华罗庚

第二节 激发学习动机

一、学习动机与需求

（一）学习的动机

动机是激发和维持有机体的行动，并使行动导向某一目标的心理倾向或内部驱动力。美国心理学家伍德沃斯 1918 年最早将"动机"应用于心理学，动机被认为是决定行为的内在动力。

从哲学层面上讲，人类的行为是个体自身与外界环境互动的关系。

从心理活动层面上讲，所谓"个体自身"是指人的心理特征，因为这是心理活动层面最稳定而对人类及其个体具有代表性的部分。

"个体自身与外界环境互动"，从心理活动层面上来讲，就是个体对客观事物的反应这一心理过程。

由此，行为从心理活动层面上讲，就是个体的心理特征与其心理过程相互作用的过程与结果。

由于心理特征和心理过程相互作用与反应的结果是形成心理状态，所以从心理活动层面上说，行为动机实际上属于心理现象中的心理状态。

动机具有以下三个方面的功能：

一是激发功能，激发个体产生某种行为。

二是指向功能，使个体的行为指向一定目标。

三是维持和调节功能，使个体的行为维持一定的时间，并调节行为的强度和方向。

内在动机，即产生于所从事活动本身的动机。例如，我们为什么会喜欢运动、唱歌、打游戏等活动？那是因为这些活动本身会带给我们快乐和满足，对这种快乐和满足的追求，就是我们的内在动机。

外在动机，即因外在条件和外部环境激发而来的动机。例如，大部分人学习都是为了应付考试，此时学习的动机是"应付考试"而不是"我想要学习"。这种被所做活动之外的目的激发而来的动机，就是外在动机。

于是，仅仅从定义方面，我们就看到了内在动机与外在动机的第一个区别，即来源的不同。内在动机产生于活动本身，活动本身可以给当事人带来满足。外在动机产生于外部力量和外部环境，活动本身只是手段，是达成某种目标的手段。

内在动机和外在动机的第二个区别，则是双方产生的效果不同。内在动机产生的驱动力往往持久和稳定，而外在动机产生的驱动力则短暂且易于消逝。

所以说，学习的内在动机才是最长久的内驱力。

我们喜欢什么，决定了我们愿意在这项活动中投入更多的时间和精力，成果就是对我们付出的最好奖励，困难反而会成为激发我们努力奋斗的更加强大的动力。相反，那些纯粹由外界施加给个人的诱惑、压力所引发的动机，其效果难以长久且并不见得就好，即一旦这种外界的诱惑或压力消失，则动机就会随之消失，我们甚至还会有如释重负的感觉。

（二）学习的需求——马斯洛的需求层次理论

马斯洛的需求层次理论是心理学中的激励理论，包括人类需求的五级模型，通常被描绘成金字塔内的等级。

从层次结构的底部向上，分别为生理需求（食物和衣服）、安全需求（工作保障）、社交需求（友谊）、尊重需求和自我实现。前四个级别通常称为缺陷需求，而最高级别称为增长需求。马斯洛指出，人们需要动力实现某些需求，有些需求优先于其他需求。

五种需求是最基本的，与生俱来的，构成不同的等级或水平，并成为激励和指引个体行为的力量。

低级需求与高级需求的关系：马斯洛认为，需求层次越低，力量越大，潜力越大。随着需求层次的上升，需求的力量相应减弱。

在高级需求出现之前，必须先满足低级需求。在从动物到人的进化中，高级需求出现得比较晚，婴儿有生理需求和安全需求，但自我实现需求在成人后出现；所有生物都需要食物和水分，但只有人类，才有自我实现的需求。这个实现的过程，就是学习的过程。

二、发现学习兴趣

兴趣，是对事物喜好的情绪。学习兴趣，是对学习喜好的情绪。

学习兴趣能最大限度地调动学习的主动性和自觉性，发挥潜在智力的作用，保证学生取得优异的学习成绩。往往有这种情况，学生对哪门功课感兴趣，哪门功课的成绩就好。

学生的主要任务是学习，要想学得好，首先得对学习有兴趣。兴趣是学习入门的向导。有了学习兴趣，学生就有了学习的主动性和积极性，就会千方百计地动脑筋想办法，学习就能搞得好。

在年龄段相同、智力相近的情况下，学生的学习成绩却不是一样的，学习兴趣是导致这种状况出现的原因之一。所以，培养学生的学习兴趣是十分重要的。

例如，伽利略年轻时，偶然看到教堂廊檐下挂的灯正在摆动，他出神地凝视着，觉得来去摆动的时间都一样，他按着自己的脉搏计算挂灯摆动的时间。这种学习兴趣，使他发明了摆钟。

三、激发学习内在动机

（一）提高自我效能

自我效能是个体对自己能否在一定水平上完成某一活动所具有的判断能力、信念或主体的自我把握与感受。简言之，就是个体对自己达成目标的能力的判断和信念。例如，智力水平与技能水平相同的两个人，在同一任务环境中会有不同的成就，这是因为他们具有不同的自我效能。

自我效能可以从以下两方面获得：

1.尝试挑战性的任务，体验成功的经验

所谓挑战性任务，是指有一定难度，但经过个人努力能够解决的任务。

远大、宏伟的目标迟迟实现不了，会让我们产生挫败感，特别是反复失败会削弱我们的自我效能；而简单容易的任务因为太过容易实现，也不能让我们产生成就感。

接受挑战性任务是一种进取性行为，这种通过加倍努力克服困难而取得成功的行为，可以激发个体的动机水平，并且通过多次成功，可以形成较高的自我效能。

2.观察他人的行为，获得替代性经验

榜样的示范作用会对中职生有比较显著的帮助，有助于培养中职生的自我效能感。例如，中职生会倾向于观察与自己能力水平相当的学习伙伴，并把他作为自己学习的榜样，若学习伙伴在一项任务上能够成功，则认为自己也可能完成同样的任务，从而增强成功的信念。

这样的比较，会让中职生获得一种替代性经验，特别是在中职生不确定自己的能力水平或在相关经验较少的情况下获得这种替代性经验，即榜样示范能够更有力地发展中职生的自我效能。

（二）克服习得性无能

所谓习得性无能，是指个人经历了失败与挫折后，在面对问题时所产生的无能为力的心理状态。

中职生在学业方面的习得性无能表现为以下方面：

在认知上，对自己的学习能力产生怀疑，认为自己难以应付相应的学习任务。

在情感上，表现为自暴自弃、心灰意冷、厌学畏学，产生学习焦虑或其他消极情绪。

在行为上，逃避学习，表现为逃课、逃学、课堂无效学习、抄袭作业等。

学业习得性无能是个体在经常性的学习失败情境中习得的行为方式。其动机的形成，大致有两条途径：

一是学习上的失败常常招致老师、家长的抱怨和批评，这类经常性的失败信息会引起个体消极的情感体验，例如感到灰心、沮丧、自卑，个体为维持自尊，便会产生消极的防御机制，如逃避学习。

二是个体总是将失败的原因归为自我学习能力欠缺，形成消极的自我信念及自我概念。事实上，大多数人都曾有过或多或少的学习失败经历，也曾或多或少地表现出习得性无能的倾向。

那么，怎么解决这个问题呢？

1.重视目标实现的过程，而非结果

在追求目标的过程中，有些中职生过于看重结果，认为结果的好坏是判断个人能力的唯一依据，对成功的渴望和害怕失败的心理容易让他们在学习上患得患失。这种表现为目标取向的同学，把困难和失败看作对自身能力的威胁，因此尽量回避。

有些中职生则更加重视目标实现的过程，他们更关注在这个过程中自身的收获和提高，相信成功可以进一步激励自我实现，而失败也会为自己提供经验教训，促进新的学习技能的获得。这种表现为自主目标取向的同学，把困难看作一种挑战性的学习机会，能够以积极的态度和行动来解决困难。

2.强化自我评价，淡化他人评价

中职生要专注于自我，以自我为参照的发展性评价可以发现自己的进步与弱点。不恰当的他人评价，会破坏自己的心态，分散自己的注意力。

专注于自我的学习和工作，熟悉自己的强项与弱项，集中精力，取长补短，在相对有限的时间内努力发展自己。

俗语说："尺有所短，寸有所长"。每个人都是世界上独一无二的个体，中职生要努力挖掘自身优势，不断走在前进的道路上。

（三）学习合理归因

归因指人们对他人或自己行为原因的推论过程，即对行为过程的因果解释和推论。

内因一般分为以下两个方面：

一方面，是在成功的情境下，我们将成功归因于自身的能力、持久的努力等内部的、稳定的因素，可以增强我们对成功的期望和与自尊相联系的积极情感，帮助我们取得关键进步，继续趋向成就任务。

另一方面，是在失败的情境下，我们不是简单地将失败完全归因于自身的弱项，而是同时将当时的心境、临时的努力等不稳定因素考虑进去，从而降低消极情感，消除自卑心理，提高学习动机，对成功继续保持较高的期望。

对于每个试图成功达到自己设定目标的人来说，失败是不可避免的。但对于失败的原因，如果我们倾向归因于自身能力的不足，例如"我就是太笨了，这么简单的问题都想不出来""这个问题我解决不了，我的水平太低了"，就容易使我们产生自卑的心理。

要知道，成功或失败不单单是一个或几个因素带来的结果，它是综合多种因素的产物。

在归因问题上，我们若总是归因于自身能力的不足，会削弱我们的学习动机，造成消极的情绪和不良的学习行为。合理的归因可以提高自信与坚持，而错误的归因会增加自卑和自弃。

因此，对成功或失败进行正确、全面的归因，可以增强成功的期望。

★电影推荐★

《银河补习班》

马飞小时候是个聪明伶俐的乖小孩，但从初中开始，成绩垫底、逃学、旷课、即将被学校开除……他逐渐成为让人头疼的"问题少年"，是什么让他发生了如此大的变化呢？

亲生父亲七年的缺席，同学、朋友的歧视，妈妈眼中不现实的梦想……让马飞一直活在周围人的否定中。教导主任当众讽刺马飞："煤球再怎么洗，永远变不成钻石"；同学给马飞起外号叫"缺根弦"；妈妈常说："这孩子本来就笨，这孩子就这样，已经没救了"……孩子越是被否定，就越容易成为被否定的那个样子。马飞也认为自己是个"会把爸爸蠢哭，以后只能卖煎饼"的笨孩子。

心理治疗师苏珊·福沃德说："在孩子幼小的心灵里，父母就是整个世界的中心。"父母认为孩子是什么样，孩子就会是什么样。

当马飞的爸爸马皓文很坚定地告诉他："不要信你们老师说的话，你是地球上最聪明的孩子。"这句话就像一束光一样，照进了马飞长期被否定、被打击下的黑暗生活中。他的眼睛里开始有了光，学习的动力与内心的力量开始恢复。

我们身边有太多孩子，就毁在父母及教育者不负责任的语言暴力中，他们被贴上各种不好的标签。久而久之，这些标签就内化到了孩子的心里，让他们相信，自己真的就如别人说的那样不好。

孩子需要被看见、被肯定、被鼓励，即使在糟糕的情况下，也有值得被鼓励的地方。就像马皓文在马飞考了63

分的情况下，兴奋地说："这么短的时间，你就从全班倒数第一名到了倒数第五名，我就说了，你是天才！"他看向马飞的眼神也是闪闪发光的，带有崇拜感，让马飞认为自己就是少年霍金，从此更加努力地学习。

健康的、积极的、及时的鼓励，会帮助孩子建立起积极的内在评价系统，激发孩子的潜质，给孩子以自信和勇敢，更加努力地学习。

课后练习

1.马斯洛的需求层次理论内容是什么？

2.怎样激发青少年的学习内在动机？

第三节 学习方法和策略

一、制订学习计划

（一）学习的目标明确，实现目标也有保证

学习计划就是规定在什么时候采取什么方法和步骤达到什么样的学习目标，即在短时间内达到一个小目标，在长时间内达到一个大目标。

中职生应在长短计划的指导下，学习一步步地由小目标走向大目标。

（二）恰当安排各项学习任务，使学习有秩序地进行

中职生制订了学习计划以后，可以把自己的学习管理好，到一定时候，对照计划检查、总结一下自己的学习，看看有什么优点、有什么缺点，继续发扬优点，积极克服、改正缺点，使学习不断进步。

（三）对培养良好的学习习惯大有帮助

良好的学习习惯养成以后，就能自然而然地按照一定的秩序去学习。

中职生制订了学习计划，有利于锻炼自己克服困难、不怕失败的精神，无论遇到什么困难和挫折，都要坚持完成计划，达到制定的学习目标。

（四）提高计划观念和计划能力，使自己成为能够有条理地安排学习、生活和工作的人

中职生都应该具备制订学习计划的观念和能力，这对一生都有好处。有些中职生的学习毫无计划，"脚踩西瓜皮，滑到哪里算哪里"，这是很不好的。高尔基说："不知明天该做什么的人是不幸的。"有的中职生认为，学校有教育计划，老师有教学计划，只要按照学校的要求办、跟着老师的教学走就行了，自己不用再制订学习计划了，这种想法是不对的。

学校和老师的计划是针对全体学生的，每个学生还应该按照老师的要求，针对自己的学习情况制订具体的、个人的学习计划，特别是对于课本内容和教学计划要求的自学部分，中职生更要有自己的学习计划。

二、遵循遗忘规律

德国心理学家艾宾浩斯研究发现，遗忘在学习之后立即开始，而且遗忘的进程并不是均匀的，最初遗忘速度很快，以后逐渐缓慢。

他认为"保持和遗忘是时间的函数"，用无意义音节（由若干个音节字母组成，能够读出，但无内容意义，即不是词的音节）作为记忆材料，用节省法计算保持和遗忘的数量，并根据他的实验结果绘成描述遗忘进程的曲线，即著名的艾宾浩斯记忆遗忘曲线。

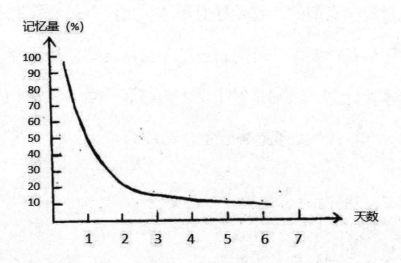

这条曲线告诉人们，学习中的遗忘是有规律的，遗忘的进程很快，并且先快后慢。随着时间的推移，遗忘的速度减慢，遗忘的数量也逐渐减少。

有人做过一个实验，两组学生共同学习一段课文，甲组学生在学习后不复习，一天后的记忆率为36%，一周后的记忆率只剩13%；乙组学生按照艾宾浩斯记忆规律进行复习，一天后保持记忆率为98%，一周后保持记忆率为86%，乙组学生的记忆率明显高于甲组学生。

中职生应该如何更好地利用艾宾浩斯记忆遗忘曲线，

进行学习呢？

一是及时复习，可以抓住记忆的最好时机。中职生经常自测，可以弄清哪些知识没学好、没记住，哪些地方容易混淆、有误差，以便马上核实、校正。

二是及时复习和经常自测，可以培养中职生的随机应变能力。在考试中，考题往往变换了角度，与原来学习时的大不一样，如果中职生经常运用自我测验法对所学知识从多方面进行理解和消化，必然会胸有成竹，临阵不慌。

三、提高注意力

（一）保证睡眠时间

很多中职生为了多学一会儿就熬夜，这是一种危害身体的不良习惯，非但不能提高当天的学习效率，反而会因为睡眠不足而影响第二天的学习效率，得不偿失。因此，保证睡眠时间，是提高学习效率的基本要求。

（二）提高中职生注意力的方法

1.要营造一个集中注意力的环境

中职生在学习的时候，要把书桌上与学习无关的东西都收起来，积极营造一个集中注意力的学习环境。

2.合理安排写作业和活动的时间

对于低年级的学生来说，他们的专注力一般不超过 15 分钟，超过这个时间就会走神。小学三四年级学生的专注力为 20 分钟左右，五六年级学生的专注力则为半个小时左右。中职生的专注力要好于小学生，但当学习累了以后，也要适当休息一会儿再学习。

3.鼓励表扬法

鼓励中职生做有兴趣的、可胜任的事情，但要求他们做的事情不能超过自身的能力水平，也不能过于简单。如果发现中职生有注意力集中的表现，应及时鼓励和表扬。

4.培养兴趣法

兴趣是注意力的源泉，培养中职生对活动的间接兴趣，并努力把这个间接兴趣转化为直接兴趣，是培养中职生注意力的好方法之一。

5.改定时为定量

有些家长看到孩子 20 点就写完作业了，就让孩子额外再做题，这样会使孩子产生逆反心理，孩子会想，反正早写完也得写，还不如晚点儿写完。所以，家长不要看孩子完成作业的时间早就多加作业，而是要做到定量作业。

此外，家长不要干扰孩子的学习思路，以免影响孩子的学习专注力。

四、积极应对学习压力

（一）学习压力过大的表现

中职生学习压力过大的主要表现，有以下几个方面：

1.在生活上的表现

中职生学习压力过大，在生活上，会表现为食量大增或很久食欲不振；睡眠质量较差，经常失眠；经常感到不舒服，容易生病，有时还会出现恶心、呕吐等生理反应等。

2.在情绪上的表现

中职生学习压力过大，在情绪上，会表现为容易沮丧低落，经常显得不耐烦，暴躁，易怒；说话冷言冷语，对自己、对他人的评价，以及对事情的描述，都有消极倾向；与家长的关系很紧张，对父母有抵触情绪，或经常与父母发生冲突等。

3.在学习上的表现

中职生学习压力过大，在学习上，会表现为敷衍、厌烦监督、抱怨、对自己的学业过分苛责、对自己没信心等；在考试时，会表现出焦虑不安、考前失眠等。

（二）应对学习压力的方法

那么，中职生如何应对学习压力呢？

1.掌握良好的学习方法

良好的学习方法，可以提高学习效率。法国生理学家贝尔纳说过："良好的方法使我们更好地发挥运用天赋的才能，而拙劣的方法则可能阻碍才华的发挥。"可见，在学习中，掌握科学的方法是非常重要的。学习的方法有很多，中职生可以根据自己的个性特点，选择适合自己的学习方法。

无论中职生选择哪种学习方法，都要注意合理用脑。长期进行脑力活动，易造成神经过度紧张，如果得不到及时调节与恢复，可能会出现头痛、头昏、失眠、注意力不集中等情况，学习成绩也会随之下降。

中职生只有合理用脑，注意劳逸结合，使大脑保持良好状态，才能取得良好的学习效果。

2.学会倾诉

作为一名中职生，当自己有压力的时候，可以向老师诉说，也可以找一个与自己关系最好的朋友，把自己的想法告诉他，让他来开导自己，这样，能够让自己的紧张精神得到放松，不至于让压力压得喘不过气来。

3.正确地认识自己

如果中职生的目标定得太高，脱离自己的实际能力，那么就可能体验不到成功的喜悦，甚至会因为挫折而承受过大的压力，导致出现考试焦虑、成绩不理想等情况。为此，中职生要正确地认识自己，制定的目标要实事求是，量力而行，尽力而为，以便激励自己更好地实现目标。

一位诗人说："如果你不能做一条公路，就做一条小径；如果你不能做太阳，就做一颗星星。不能凭大小来断定你的输赢。无论你做什么，都要做最好的一名。"只要把自己能做的事情做好，就足够了。

除此之外，中职生还要多与老师和家长沟通，或定期做些有规律的运动等，以减轻学习压力。

4.自我肯定

中职生每天要告诉自己"我是最棒的，每天都有好的事情发生在我的身上"，这样才能够正确地、积极地面对压力；可以每天在跑步的时候，边跑边想"随着脚步的前进，感觉压力也会越来越小"，让自己每天都充满活力。

5.运动减压

中职生不应该一直处于学习状态，应该科学地安排学习和生活，做到体力劳动与脑力劳动有机结合，因为劳逸结合有助于减轻压力、及时消除疲劳，还会有效转移中职生的注意力。

对于长时间、高强度从事脑力劳动的中职生来说，更应该进行有益而适宜的体育运动，以此减轻学习的紧张度、缓解压力。例如，在周末，中职生和家长一起爬山、打球、游泳等。

6.转移注意力

有意识地转移注意力，是减轻心理压力的有效途径。针对中职生学习压力较大的情况，家长和亲友应帮助中职生学会自我调适，及时放松自己，如参加各种体育活动、与家人和朋友聊天等。

作为家长，此时应帮助孩子缓解学习压力，保证孩子有较充足的睡眠，给孩子提供一个良好的睡眠环境，不要在孩子睡觉的地方看电视、玩手机；如果孩子学习成绩较差，千万不要打骂孩子，否则会给孩子带来更大的压力。

7.正确对待考试和分数

考试是教学过程的重要环节，对教师的教和学生的学起着重要的调节和激励作用。

对于中职生来说，考试是对学习情况检查和评定的重要方法，适当考试可以促进中职生的学习和智力发展。

虽然一次考试成绩并不能完整、准确地评价一名中职生全部的学习效果，但考试毕竟是评价学习效果的方法之一。通过老师批卷和讲评，中职生可以获得更多的反馈信息。如果考分较高，中职生可以反思前一段学习的情况、总结经验，做到继续努力学习；如果考得较差，中职生可以逐题分析，找出答错和考得不好的原因，进而改正。

只有正确认识考试和分数的作用，中职生才能有正确的学习心态，不要被考试和分数这个"指挥棒"搞得团团转，增加不必要的学习压力。

五、学习他们好榜样

（一）赛场镂月裁云，霓裳技高一筹

在 2022 年世界技能大赛特别赛芬兰赛区，来自湖南工艺美术职业学院的 23 岁青年教师董青技高一筹，从 20 个

国家和地区的选手中脱颖而出，斩获时装技术项目金牌，实现我国在世界技能大赛时装技术项目上的"三连冠"。

2022 年世界技能大赛特别赛时装技术项目共设 4 个考核模块，分 4 天举行，要求选手在规定时间内依据现场提供的材料和设备设施，按照比赛要求，严谨、细致、精美地完成服装的款式设计、立体造型、打板和排料、服装制作等任务。

为了备战，董青 8 月份就到了北京，与指导团队的专家、教练一起认真分析、研读比赛规则，搜集各类素材、反复打磨作品。

抵达芬兰后，董青因为身体不适，吃东西时反胃严重，比赛状态受到影响，在参加第一个考核模块比赛时，3 个小时的比赛时间安排不当，造成失分。当天中午休息的时候，随团老师找到董青，及时对她进行了心理疏导。

最终，凭着精湛的技艺和良好的心态，董青一路过关斩将，获得冠军。当比赛结果宣布的一刻，董青喜极而泣。

董青攻读服装专业，源于妈妈的影响。在董青小学和初中的时候，她的妈妈一直在广东的服装厂打工，每年寒暑假，她都会被带到广东，妈妈在流水线上踩缝纫机做衣服，她就在一旁玩耍。在妈妈的耳濡目染下，董青渐渐喜欢上了服装制作，并在中考后进入职业学校服装专业学习。

2020 年，董青从湖南工艺美术职业学院服装与服饰设计专业毕业后，由于表现优异留校任教。在校期间，她多次代表学校参加职业技能竞赛，获得各类技能大赛奖项，并获得"全国技术能手"称号。

时代赋予我们展示技能、展示自我的机会，对现在的职业院校学生来说，可以一直保持初心，做事精益求精，不停地钻研、摸索，就可以走技能成才、技能报国之路。

（二）冠军并非"刮腻子"那么简单

"在闭幕式上，当主持人喊出我的名字和 CHINA（中国）的时候，我像个'窜天猴儿'一样兴奋地从座位上窜了起来，一路冲上最高领奖台，高举五星红旗，抒发自己的激动之情。"马宏达说。

法国当地时间 2022 年 10 月 23 日下午，2022 年世界技能大赛特别赛法国赛区举行闭幕式，当主持人宣布中国选手马宏达获得抹灰与隔墙系统项目金牌时，现场所有中国队队员都欢呼起来，这枚金牌实现了中国队在该项目上金牌"零"的突破。

消息传到国内，"浙江 00 后小伙'刮腻子'刮成世界冠军"一时间冲上热搜。马宏达说，其实，抹灰与隔墙系统项目不仅仅是"刮腻子"那么简单，而是指用涂料、装饰材料等对房屋建筑进行修建、改善和整修，考验选手对金属框架建造和石膏板安装，隔音、隔热、防火、抹灰、装饰线条制作与安装，以及艺术创意等技术的运用。

马宏达说："领奖那一刻，我把五星红旗披在身上，我向世界证明了'中国技术'，展现了'中国青年'的风采，我特别自豪！那一刻我会永记于心！"

1.考入技工院校，做好了吃苦的准备

出生于 2000 年的马宏达是浙江温州人，2017 年考入浙江建设技师学院（以下简称学院）。中考时，工匠出身的父亲建议成绩不理想的他学一门技术，走上社会还能"有口饭吃"。"比起理论学习，我更爱动手，也爱干手工活，所以我欣然接受了父亲的建议，选择了技师学院。"马宏达说。

因为从小就对美术感兴趣，且有点功底，2017 年，老师推荐马宏达参加学院举行的世界技能大赛梯队选拔。当时负责选拔的老师说过一句话让马宏达印象深刻："如果要来参加选拔，就要做好吃苦的准备，这不是一条随随便便能成功的捷径。"能加入这个团队，是马宏达的梦想，他从入学起，就做好了吃苦的准备。

2.抓住一切机会，加强专业训练

世界技能大赛梯队选拔"招募令"一经发布，200 多名学生踊跃报名。因为名额有限，迎接他们的是一层层严格的考核选拔。

"既然选择了这条路，那就好好干。"马宏达不断地鼓励自己。他白天认真听课，抓住一切机会向身边的老师请教；晚上一头扎进实训室，一遍一遍地训练，提升技艺。

准备选拔的过程是艰苦的：每天与水泥、石膏板、砖块、瓷砖为伴，半天下来，训练服上沾满了腻子粉和粉尘。很多同学吃不了这个苦，但是自律、执着的马宏达坚持了下来，成功进入学院的世界技能大赛团队，并确立了抹灰与隔墙系统项目方向。

2019年3月，在国内举行的俄罗斯喀山第45届世界技能大赛选拔赛上，马宏达虽然进行了充分准备并顺利完成比赛，但在实力更胜自己一筹的选手面前遗憾落败。

3.再踏征程，全方位提升自己

"你还年轻，还有机会，以后的路还很长。""加油，你一定能成功。"身边的教练和队友都在鼓励马宏达。

2021年9月，在上海举办的第46届世界技能大赛抹灰与隔墙系统项目国家集训正式拉开帷幕。这一刻，马宏达期待了太久。

他全身心地投入训练，不仅向书本学、向教练学，还不断向身边的选手学。

马宏达最重要的特质之一，就是善于学习。在训练赛中，他总能比其他人更早完成，他利用自己 1.8 米的身高优势，仔细观察旁边选手的操作工法和工具摆放习惯，取长补短，进一步完善自己的操作流程。

作为一项全球性赛事，世界技能大赛的技术文件都是用英文表述的，这对选手的英语水平提出了要求。"虽然每个项目都配有翻译，但比赛过程中不可能全部依靠翻译，如果自己能看懂，那肯定事半功倍。"

每天的训练结束后，项目翻译会整理、录制 8～10 句英语短句，供选手们学习、背诵、应用。虽然英语基础比较薄弱，但马宏达跟着翻译认真学习，仔细做好笔记。此外，马宏达还会自学一些基础性的交流语句，背诵单词以丰富自己的词汇量。渐渐地，他的英语听读水平得到了很大提升。

4.在比赛过程中，心态更重要

2022 年，上海第 46 届世界技能大赛因新冠肺炎疫情而被取消。得知消息的那天，马宏达失声痛哭："不是因为累，而是因为不甘。"

10 月中旬，马宏达坐上了前往法国波尔多的航班，参加第 46 届世界技能大赛特别赛法国站的比赛。赛场上，马宏达没想到会遇到"神秘材料"——一种 6 mm 的石膏板，这种规格的材料采用了欧洲标准，在国内没有，也采购不到。

在比赛中，马宏达一开始用常规的方式固定石膏板，没想到出现了"石膏板面层断裂""螺丝钉孔洞贯穿无法固定"等问题，导致石膏板无法契合放样线，而且不美观。

马宏达当机立断，切换工序，调整工艺，重新制作了该墙面。虽然浪费了一些时间，在这个环节他暂时名列第三，不过这并没有影响他的心态。

第46届世界技能大赛特别赛法国站抹灰与隔墙系统项目中国专家组组长兼教练组组长张守生说："教练团队吸取前几届世界技能大赛的经验，在平日的训练里设计了很多高难度的赛题。尽管在比赛中出现的这种材料马宏达没有用过，但是像这样的曲面墙体他早就掌握做法了。"最终，马宏达获得了该项目的金牌。

"在比赛的过程中，除了技术，最重要的是心态！专家、翻译、教练一直站在旁边为我加油，通过眼神传递着信心。"谈到自己能获得金牌，马宏达说，"我父亲是个做门窗的'老工匠'，他早就认可了'技能成才、技能报国'这条道路，而且他也相信爱动手的我能在这条路上走得更远、走得更好。"

（三）精雕细琢少年郎，志做当代小鲁班

首先带您认识一位名叫邵茹鹏的年轻教师，他来自上海市城市科技学校。他在瑞士巴塞尔夺得 2022 年世界技能大赛特别赛精细木工项目的冠军，这是我国在世界技能大赛舞台上获得的首个精细木工项目金牌。

邵茹鹏说："比赛第一天就措手不及，绘图时间规划的是 2 个小时，但实际用了 3 个小时，对于比赛来说，如果前面的时间超出预期，后面的工序就会压缩，影响整个题目的工序和流程。"果不其然，第二天为了补回第一天的时间，邵茹鹏出现了一处失误，导致在赛题一致性上被扣了分。

"后面两天的比赛，我坚持完成赛题。完成就是胜利，也只有完成了，才能抓住后面的大分。"邵茹鹏说。

精细木工项目参赛选手需在规定的 4 天共 22 个小时内，利用现场提供的设备材料，完成杆件制作、榫卯连接、拼装、打磨和装配，最终完成作品。

据上海市城市科技学校副校长项国平介绍：先有个投影放样，就像绘图一样，绘图之后会把图板上的这些线投放到杆件上。如果绘图不精细、不准确，那么投放上去的线的位置就不精细，等做出来拼接时，这个缝儿就会产生。此外，还有加工，也就是说，用手工或者用机械在加工榫接位置的时候，如果加工得不够精细，那么也会产生缝隙。

项国平说，如果选手的作品出现与图纸不一致、榫接间隙过大等问题，都会被扣分。裁判进行评判的时候，一般会用塞尺，选用 0.2 mm 和 0.4 mm 的插片，如果插进去了，那就表示这个缝儿大于 0.2 mm 或 0.4 mm。如果超过 0.2 mm，就要扣分，如果超过 0.4 mm，这个位置的榫接就没有分了。最终，邵茹鹏凭借精湛的技艺获得了冠军，而这也是我国在世界技能大赛舞台上获得的首个精细木工项目冠军。

第46届世界技能大赛特别赛精细木工项目国家集训队队员孙岩说，邵茹鹏为了这个比赛已经准备了4年，从每天8点钟开始，一直训练到21点，除了吃午饭和晚饭，其他时间几乎都在训练。

项国平说，这么多年以来，国家重视技能人才，学校成立了很多学生社团，毕业生的就业情况非常好，像建筑类的专业，可以说是供不应求。

都说"三百六十行，行行出状元"，无论从事什么行业，只要脚踏实地、诚实劳动、肯干苦干，就会有出彩的人生。

（四）快递小哥被评为"高层次人才"

2020 年，快递小哥李庆恒被评为杭州市高层次人才，并获得 100 万元购房补贴，引发了社会关注。网友表示，"工作不分高低，行行出状元""不唯学历论人才，有眼光"。为什么快递小哥能被评为高层次人才？他有怎样的技能？

李庆恒从事快递分拣员工作已经 5 年多，他熟背全国城市区号和邮政编码。每天晚上是他最忙碌的时候，因为分拣员要把收来的快递赶在清晨前分好，快递公司才能以最快的速度发送出去。

日积月累、熟能生巧，李庆恒练就了一个本事：无论快件上标的是城市名称、电话区号、邮政编码，还是航空代码，他都能准确无误地分拣。"背熟了，速度就快，就能早点回家"，这是李庆恒最初的想法，可为了背熟这些号码，他没少下功夫，甚至有些走火入魔，有时在马路上看到汽车牌，他也会把相关城市的号码信息在脑子里面过一遍。

看到李庆恒有这个绝活儿，公司开始派李庆恒参加各种技能比赛。他不负众望，拿了不少奖，而能让李庆恒评上杭州市高层次人才的，还是因为一次重要的职业技能比赛。

2019 年 8 月，李庆恒被公司选为浙江省第三届快递职业技能竞赛的参赛者。因为比赛要考查投递和包装，没有实操经验的李庆恒开始跟着一线快递员学习快递派送技巧。

在准备比赛那段时间，李庆恒每天早起背诵邮政编码、电话区号、航空代码，下班后再抽出 2 个小时来练习实际操作。功夫不负有心人，李庆恒最终拿到了浙江省第三届快递职业技能竞赛的第一名，为此，他获得了浙江省人力资源和社会保障厅颁发的省级"技术能手"奖状。

当公司告诉他，可以凭借这个奖去评杭州市高层次人才时，李庆恒不敢相信。

按照杭州市高层次人才政策，评上 D 类高层次人才，不仅可以优先摇号选房，还可以领取 100 万元的购房补贴、3 万元车牌补贴，并享受"杭州人才码"5 大类、27 小类百余项服务。

能被认定为杭州市高层次人才，让李庆恒对这座城市有了新的认识。他说，这个城市很和蔼，让他感受到了人人平等的感觉。

★课堂活动★

同学们怎么看待这些人的成功？有什么值得我们学习的地方？

第六章 塑造健全人格

人格，是个体身上最具色彩的闪光点。在历史的长河中，有不为五斗米折腰、辞官归隐田园的陶渊明，有令人尊敬和爱戴的新中国总理周恩来，有在漫长的轮椅生涯中自强自尊的作家史铁生……他们都是具有伟大人格的人。

人格是精神，是信念，是内心的强大，更是一种无形的力量。古语云："以力服人者，非心服也，力不赡也；以德服人者，心悦而诚服也。"这种让人心悦诚服的东西，正是人格的力量。

无数先贤和身边的榜样，他们砥砺人格，成就了自己大格局的人生。

第一节 什么是人格

一、人格的含义

人格是构成一个人的思想、情感及行为的特有模式，这个模式包含了一个人区别于他人的稳定而统一的心理品质。人格由许多成分构成，其中主要的有气质、性格、认知风格等。

在心理学中，经常运用"个性"一词表达人格的概念，也就是说，人格是探讨个体与个体差异的领域。

二、人格的基本特征

（一）独特性

一个人的人格是在遗传、环境、教育等先天因素和后天因素的交互作用下形成的，在不同的遗传、生存及教育环境下，人们形成了各自独特的心理特点。

人与人没有完全一样的人格特点，所谓"人心不同，各如其面"，正说明了人格是千差万别、千姿百态的。这就是人格的独特性。

（二）稳定性

人格具有稳定性，在行为中偶然发生的、一时性的心理特性，不能称为人格。

例如，一名性格内向的同学在不同场合都会表现出沉默寡言的特点，这种特点从入学到毕业不会有很大变化，这体现的就是人格的稳定性。

俗话说，"江山易改，秉性难移"，这里的"秉性"就是指人格。

当然，强调人格的稳定性并不意味着它在人的一生中是一成不变的，随着生理的成熟和环境的改变，人格也可能产生或多或少的变化。

（三）统合性

人格是由多种成分构成的一个有机整体，具有内在统一的一致性，受自我意识的调控。

人格的统合性是心理健康的重要指标。当一个人的人格结构在各方面和谐一致时，他的人格就是健康的。否则，他就会出现适应困难，甚至出现"人格分裂"。

一个人的某种人格特点一旦形成，就相对稳定下来了，要想改变它，是比较困难的事情。这种稳定性还表现为人格特征在不同时空下表现出一致性的特点。

（四）功能性

人格是一个人生活成败、喜怒哀乐的根源，人格决定一个人的生活方式，甚至会决定一个人的命运。

当面对挫折与失败时，坚强者能发奋拼搏，懦弱者会一蹶不振，这就是人格功能的表现。

三、影响人格形成与发展的因素

（一）自然物理因素

虽然一个人生长的自然环境和居住条件等自然物理因素不会决定一个人的人格特点，但会给人格的形成带来一定影响。

（二）生物遗传因素

遗传是人格不可缺少的影响因素，遗传因素对人格的作用程度，因人格特质的不同而不同。

通常在气质、智力这些与生物因素相关性较大的特质上，遗传因素的作用较重要；而在价值观、信念、性格等与社会关系紧密的特质上，后天环境的作用可能更重要。

（三）家庭环境因素

人是在家庭环境中成长起来的，家庭的生活条件、父母的教养方式都会影响人格特征的形成。并且，社会文化对人格形成的影响，也是通过家庭实现的。

（四）早期童年经验

童年时期的经验会给一个人一生人格的发展带来长期的影响，但早期童年的经验不能单独对人格的发展起决定作用，它会与其他因素共同发生作用。

（五）学校教育因素

学校是一个有目的、有计划地向学生施加影响的场所，教师是学校宗旨的执行者，他们有自己的教育方式、风格和人格特点，学校和班集体都具有特定的风气，同学之间也有自己的相处方式，这些都是中职生成长的环境，都是对中职生人格成长产生影响的元素。

（六）社会文化因素

每个人都处在特定的社会文化环境中，文化对人格的影响是极为重要的。

社会文化塑造了社会成员的人格特征，使其成员的人格结构朝着相似的方向发展，这种相似性具有维系社会稳定的功能，又使得每个人能够稳固地"嵌入"整个文化形态里。当然，社会文化对人格的影响力因文化而异。

（七）自我调控因素

自我调控系统是人格发展的内部决定因素，能够对人格的各个成分进行调控，保证人格的完整统一与和谐。

总而言之，人格是遗传与环境交互作用的结果。遗传决定了人格发展的可能性，环境决定了人格发展的现实性，其中，教育起着关键性的作用，自我调控系统是人格发展的内部决定因素。

课后练习

1.什么是人格？

2.人格的基本特征有哪些？

第二节 人格的构成

人格结构是一个包括认知、气质、性格、能力和自我调整等多方面的复杂系统，从狭义的角度来理解，人格包括人的气质和性格。

一、气质

（一）气质的含义

气质是表现在心理活动强度、速度、稳定性和灵活性等方面动力性质的心理特征的总和，就是平常所说的脾气、秉性或性情。

人的气质差异是先天形成的，受神经系统活动过程的特性制约。

气质是人的天性，无好坏之分，不能决定人的社会价值，也不直接具有社会道德评价含义。

（二）气质的类型

一般把气质分为四种典型的类型，即胆汁质、多血质、黏液质和抑郁质。

胆汁质：这类人情绪体验强烈，爆发迅猛、平息快速；思维灵活、粗枝大叶；精力旺盛、争强好斗、勇敢果断；为人热情直率、朴实真诚、表里如一；行动敏捷、生机勃勃、刚毅顽强。这类人遇事常欠思量、鲁莽冒失、易感情用事、刚愎自用。

多血质：这类人情感丰富、外露，但不稳定；思维敏捷，但不求甚解；活泼好动、热情大方、善于交际，但交情浅薄；行动敏捷、适应力强。他们的弱点是缺乏耐心和毅力、稳定性差、见异思迁。

黏液质：这类人情绪平稳、表情平淡；思维灵活性略差，但考虑问题细致而周到；安静稳重、踏踏实实、沉默寡言、喜欢沉思；自制力强、耐受力高、内刚外柔；交往适度、交情深厚。这类人的行为主动性较差、缺乏生气、行动迟缓。

抑郁质：这类人情绪体验深刻、细腻持久；情绪抑郁、多愁善感；思维敏锐、想象力丰富；不善交际、孤僻离群；踏实稳重、自制力强。他们的行为举止缓慢、软弱胆小、优柔寡断。

在现实生活中，完全是典型的单一气质的人很少，大多数人是多重气质类型的混合体。我们要从实际出发，客观、科学地看待气质类型。

★ 资料链接★

关于气质的理论

1.四体液说

古希腊医生希波克拉底认为，人体内部由于血液、黑胆汁、黄胆汁和黏液四种体液的组合比例不同，而构成了各人的不同气质：血液占优势的人的气质为多血质，表现为性情开朗；黑胆汁占优势的人的气质为抑郁质，表现为性情忧郁；黄胆汁占优势的人的气质为胆汁质，表现为性情易怒；黏液占优势的人的气质为黏液质，表现为性情冷静。

2. 高级神经活动类型学说

苏联生理学家巴甫洛夫根据神经活动过程的基本特性，即兴奋过程和抑制过程的强度、平衡性和灵活性，将气质划分为四种基本神经活动类型。强度是大脑皮层细胞工作的耐力或能力的标志；平衡性是兴奋过程和抑制过程的相对力量，二者大体相同是平衡；灵活性是兴奋过程和抑制过程相互转换的速度。

不同的高级神经活动过程对应不同的高级神经活动类型和气质类型：（1）强、不平衡的特性对应冲动型，属于胆汁质；（2）强、平衡、灵活的特性对应活泼型，属于多血质；（3）强、平衡、不灵活的特性对应安静型，属于黏液质；（4）弱的特性对应抑制型，属于抑郁质。

二、性格

爱因斯坦说过，优秀的性格和钢铁的意志比智慧和博学更重要，智力的成熟在很大程度上是依靠性格的，这点往往超出人们通常的认识。

（一）性格的含义

性格是指与社会道德评价相联系的人格特质，表现为个人的品行道德和行为风格，受世界观、人生观和价值观的影响，是个人有关社会规范、伦理道德方面的各种习性的总称。

（二）性格的特征

人的性格是由各种特征构成的，是一个完整而有序的结构，它包含以下四个方面：

一是性格的态度特征。一个人如何处理社会各方面关系的性格特征，即他对社会、集体、工作、劳动，以及他对他人和对自己的态度的性格特征。

二是性格的意志特征。按照意志的四个品质，对一个人的意志进行分析，可以看出一个人性格的意志特征。

三是性格的情绪特征。表现在一个人对自己情绪的控制能力、情绪的稳定性，以及能否经常保持积极乐观的情绪状态上。

四是性格的理智特征。这是指一个人在认识活动中表现出来的性格特征，例如，是独立型的性格特征，还是依存型的性格特征，是富于想象的性格特征，还是比较务实的性格特征。

（三）性格的类型

按照心理机能优势进行分类，可以把性格分为理智型、情绪型和意志型。

按照心理活动倾向进行分类，可以把性格分为内倾型和外倾型。

按照个体独立性程度进行分类，可以把性格分为依存型和独立型。

按照人的社会活动方式及其价值观进行分类，可以把性格分为经济型、理论型、审美型、权力型、社会型和宗教型。

按照人际关系进行分类，可以把性格分为 A、B、C、D、E 五个类型。

按照性格、兴趣与职业的关系进行分类，可以把性格分为实际型、调查型、艺术型、社会型、企业型和传统型。

（四）性格与气质的关系

性格与气质的区别：人的气质类型主要是先天的，人的性格是在后天的环境中形成的；气质更多地体现了人格的生物属性，性格更多地体现了人格的社会属性。

个体之间的人格差异的核心是性格的差异。

性格与气质的联系：性格可以掩盖和改造气质；一个人的气质也会使他的性格带有某种色彩，或者说带有某种特点。

在行为活动中，性格与气质是融为一个整体的。

★课堂活动★

性格的缺陷会形成人格障碍，因此了解一些不良的性格表现，有助于我们预防人格障碍的出现。

不良的性格表现主要有以下几个方面：

（1）以自我为中心，有极强的嫉妒心。

（2）对集体工作缺乏责任感，敷衍了事，或浮夸不实，或完全置身于集体之外。

（3）虚伪，固执，爱吹毛求疵。

（4）不尊重他人，操纵欲、支配欲强。

（5）对人冷漠，孤僻，不合群。

（6）有敌对、猜疑和报复心理。

（7）行为古怪，喜怒无常，粗鲁、粗暴，神经质。

（8）狂妄自大，自命不凡。

（9）虽然学习成绩较好，但不肯帮助别人，甚至瞧不起别人。

（10）想方设法逢迎有权势的人。

（11）自我期望很高，但气量狭小，对人际关系过度敏感。

（12）做事缺乏动力，无组织、无纪律，不求上进。

（13）兴趣贫乏。

（14）生活无规律，不肯约束自己。

对照上述表述，看看自己在性格乃至人格方面存在哪些问题，在日常的生活、学习和工作中有哪些困惑，写下来，想一想应如何克服和解决这些问题和困惑。

课后练习

1.什么是气质？

2.性格的含义和特征是什么？

第三节 培养健全人格

一、健全人格的特征

健全人格是指良好人格特征在个体身上的集中体现，就是人格的正常和谐发展。具有健全人格的最显著特征是：能够有意识地控制自己的生活，掌握自己的命运，正视自己，正视过去，面对现实，着眼未来，渴望迎接生活挑战，在实践中充分发挥自己的潜能并实现自身价值。

健全人格的特征，主要表现在以下几方面：

（一）正确的自我意识

人格健全的人总是有意识地对自身进行适当探索，对自己有恰如其分的评价，充满自信、扬长避短，在日常生活中能有效地调节自己的行为，使之与环境保持平衡，并能够坦率地接受自己的不足。

缺乏正确的自我意识的人常常表现出自我冲突、自我矛盾，或者自视清高、妄自尊大，做力所不能及的工作，或者自轻自贱、妄自菲薄，甘愿放弃一切可以努力的机会。

（二）积极的人生态度

积极的人生态度是人类在社会实践中获得的本质力量的表现。人格健全的人态度乐观向上，生活态度积极热情，他们常常能看到生活的光明面，对前途充满信心和希望，有正确的人生观与价值观，能够理性分析生活事件，头脑中的非理性观念较少，人格独立。

人格健全的人对学习怀有浓厚的兴趣，表现出观察敏锐、注意力集中、想象丰富、充满信心、勇于克服困难，通过刻苦、严谨的学习过程，获得满足感和成就感，并能很好地发挥自身的智慧和能力。

（三）良好的情绪调控能力

情绪调控能力标志着人格的成熟程度。人格健全的人心胸开阔、善解人意、宽容他人，尊重自己，也尊重他人，具有调节和控制情绪的能力，经常保持愉快、满意、开朗的心境，并富有幽默感。

当消极情绪出现时，情绪调控能力较好的人能合情合理地宣泄、排解和转移这种情绪。

人格健全的人一般都会遵从自身标准，行为有一定的规范。一般来说，他们的行为独立性很强，内心平衡，并且有完整的生活哲学。

（四）良好的人际关系

人际关系最能体现一个人人格健康的程度。人格健全的人乐于与他人交往，并与他人建立良好的关系，能以诚恳、公平、谦虚、宽容的态度尊重他人，也能受到他人的尊重与接纳，在人际关系中具有吸引力。

（五）良好的社会适应能力

社会适应能力反映了人与社会的协调程度。人格健全的人能够与社会保持良好、密切的接触，以一种开放的态度主动关心社会、了解社会，对于事物的判断更注重现实的依据，而不是凭借自己的主观想象，在认识社会的同时，使自己的思想、行为跟上时代的发展，与社会的要求相符合，能很快适应新的环境。

总之，人格健全的人在人格的各个方面是统一、平衡的。上述标准不仅是衡量一个人人格健全的尺度，而且为人们改善自己的人格提供了具体的努力方向。

★资料卡片★

马斯洛认为自我实现是人生追求的最高境界，他列举了 38 位较成功的人，包括富兰克林、林肯、罗斯福、贝多芬、爱因斯坦等，从他们的经历中归纳出如下 16 条经验：

1. 了解并认识现实，持较为实际的人生观。

2. 悦纳自己、别人，以及周围的世界。

3. 在情绪与思想表达上较为自然。

4. 有较广阔的视野，就事论事，较少考虑个人利益。

5. 能享受私人生活。

6. 有独立自主的性格。

7. 对平凡事物不觉厌烦，对日常生活永感新鲜。

8. 在生命中曾有过引起心灵震撼的高峰体验。

9. 爱人类并认同自己为全人类的一员。

10. 有至深的知交、有亲密的家人。

11. 有民主风范，尊重别人的意见。

12. 有伦理观念，能区别手段与目的，绝不为达到目的而不择手段。

13. 带有哲学气质，有幽默感。

14. 有创见，不墨守成规。

15. 对世俗和而不同。

16. 对生活环境有改造的意愿和能力。

马斯洛认为，以上述人格特征为参照，是塑造健全人格、达到自我实现的主观条件。

二、培养健全人格的途径

中职生应具有竞争意识、责任意识、机遇意识、创新意识和效率意识，具有面向世界、面向未来、面向现代化的素质，而这些往往与自信、外向、乐观、进取、顽强、灵活和守信等人格特征联系在一起。

因此，重视人格的整合与塑造，既是身心健康的需要，又是自我发展、自我实现的需要。

（一）完善自我意识，优化人格整合

心理学研究表明，个体对自我的评价越接近现实，自我防御就越少，社会适应能力就越强。生活中的许多事例告诉我们，过低评价自己或过高评价自己，都容易产生心理问题。

为了有效地进行人格塑造，中职生应该充分了解自己的人格状况，以达到人格健全。

人格整合是指随着个体心理的成熟，人格的各个方面逐渐由最初的互不相关，发展到和谐一致状态的过程。

优化人格整合，一方面，要选择某些优良的人格特征作为自己努力的目标，如自信、勇敢、勤奋、坚毅、善良和正直等，可作为人格塑造的依据；另一方面，要针对自己人格上的缺点、弱点予以纠正，如自卑、胆怯、抑郁、冷漠、懒惰、任性和以自我为中心等。这两个方面的整合，往往是同步进行的。

★相关链接★

木桶定律

对于企业的发展，有一个非常恰当的比喻，即木桶定律：一只木桶盛水的多少，并不取决于桶壁上最长的那块木板，而恰恰取决于桶壁上最短的那块木板。人们把这一规律总结成为"木桶定律""木桶理论"或"木桶效应"。

木桶定律告诉我们：一只沿口不齐的木桶，盛水的多少，不在于木桶上最长的那块木板，而在于最短的那块木板，要想提高水桶的整体容量，不是去加长最长的那块木板，而是要下功夫补齐最短的木板。

（二）努力学习科学文化知识，是优化人格的基础

人的知识越广，其本身越加完善，在知识经济时代尤其如此。

正如瑞士著名心理学家荣格所言："文化的最后成果是人格。"学习科学文化知识，增长智慧的过程，也是优化人格整合的过程。

事实上，有不少人格发展缺陷源于无知，无知容易使人自卑、粗鲁，而丰富的知识则使人自信、坚强、理智等。可见，知识的积累与人格的完善是同步的。

　　中职教育阶段是人生的重要阶段之一，要使生活有良好的开端，过得充实且有意义，中职生就应明确自己的理想目标和奋斗方向，努力学习，乐观地看待未来。

　　正如培根所说的："读史使人明智，读诗使人灵秀，数学使人周密，科学使人深刻，伦理学使人庄重，逻辑修辞之学使人善辩，凡有所学，皆成性格。"

　　中职生要通过自己的努力，实现自己的理想，从而体验到成功的喜悦，享受生活的快乐，努力使自己的人格朝着健康、健全的方向发展。

（三）发展良好的人际关系，优化个人的土壤

人格是在行为中表现出来的，健全的人格只有在与人交往中才能体现出来。荣格认为，影响人格发展的，一是人的个性化程度，二是环境。

集体环境是人格塑造的土壤，也是人格表现的舞台。中职生通过与集体交往，自己的某些人格品质或受到赞扬、鼓励，或受到压制、排斥，从而有助于自己作出有针对性的调整，集体也能帮助集体中的个体择优汰劣。

因此，中职生要健全自己的人格，必须建立良好的人际关系，努力做到在与人相处的过程中，尊重社会习俗，关心他人的需要；要有热情、诚恳的态度，真诚地赞美他人；了解他人的情绪，多与他人沟通，具有准确的评价能力；能有效地管理和调节自己的情绪，保持自尊和独立等。

人格发展、塑造的过程，是个体实现社会化的过程，是个体与他人、集体、社会相互作用的过程。中职生通过与人交流，可以看到别人的长处和自己的不足，从他人那

里获得理解、肯定的欢悦，及时调整自己的人格发展方向。

（四）积极参加实践活动，提高心理承受能力

实践是人格发展的必由之路，无论是知识的获取、能力的形成，还是意志的磨炼，都离不开实践。

中职生应积极参加各种有益身心健康的实践活动，例如各种青年志愿活动，这对一个人的勤奋、坚韧、乐观和奉献等人格特征的发展与塑造有很大的意义。

人格发展的过程是体质、心理因素与智力因素协同作用、相互促进的过程。健康的体质是人格健全发展的物质基础，坚强的意志是成就大事业的人格特征，良好的意志品质对于人的发展和社会发展更为重要。

人总会遇到各种不顺心的事情，一个心理素质良好的人能够积极面对困难和挫折，在不利的环境中保持良好的精神状态，锻炼并形成自己的坚强意志，较为轻松地克服困难，战胜挫折，努力调整好自己的心态。

中职生应加强自身修养，积极进取，勇于实践，努力提高挫折承受能力，在社会生活中锻炼自己，培养健全的人格。

（五）把握适度，防止过犹不及

凡事都要有度，把握好人格发展和表现的度十分重要，否则就会过犹不及。具体来说，中职生应该自信而不自负，自谦而不自卑，勇敢而不鲁莽，果断而不冒失，稳重而不犹豫，谨慎而不怯懦，豪放而不粗俗，好强而不逞强，活泼而不轻浮，机敏而不多疑，忠厚而不愚昧，干练而不世故等，所塑造的人格应有韧性，有较强的应变和适应能力，努力塑造更好的自己。

人格健全的过程，就是心理健康和心理成熟的过程。塑造健全的人格，是一项系统的自我改造、自我实现的工程，要从小事做起，贵在坚持，中职生要努力将自己塑造成为符合时代要求的具有良好综合素质的技能人才。

★课堂活动★

1948 年，邓稼先赴美国留学，仅用 1 年多的时间，就获得了博士学位。美国打算用优厚的条件把邓稼先留下，但心系祖国的他毅然放弃了优越的工作条件和生活环境，于 1950 年回国，投身到建设新中国的事业中。

我国决定依靠自己的力量研制原子弹，邓稼先义无反顾地加入了这项极其艰苦、充满危险，而又不知何时是终点的工作，并消失在外界的视线中。这一干便是 28 年。研究刚开始，邓稼先便组织了理论队伍，对原子弹的物理进程进行大量的模拟计算和分析。在当时的艰苦条件下，计算量对他们是个巨大的考验，经过不分昼夜的努力，他们最终得到了正确的计算结果，积累了丰富的数值计算经验。

1962 年，邓稼先领导起草了我国第一颗原子弹理论方案，为我国核武器研究奠定了基础。1964 年 10 月，我国成功爆炸第一颗原子弹，其设计方案就是由他签字确定的。

之后，邓稼先又与于敏等人投入对氢弹的研究，最后终于制成了氢弹，并于 1967 年 6 月试爆成功。

"鞠躬尽瘁，死而后已"，邓稼先用一生诠释了这八个字。为了国家的国防科技事业，他毫无保留地奉献了自己的全部。他的先进事迹和他的艰苦奋斗、舍生忘死的革命精神激励着一代又一代的科技工作者，为国家贡献自己的光和热。

说一说：你还知道哪些名人的故事，他们的哪些品质是能够深深地打动你的？

想一想：在你的成长中，有什么事情让你感觉自己是有力量的？

找一找：发现你和你身边的"星光"。

写一写：与偶像或优秀的人相比，你和他的相似之处有哪些？完成下表：

序号	偶像及其优秀品质	我与之相似之处
1		
2		
3		
4		
5		
6		
7		

课后练习

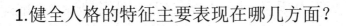

1.健全人格的特征主要表现在哪几方面？

2.如何培养健全人格？

第七章 勇敢面对挫折

　　草地上有一个蛹，被一个小孩发现并带回了家。过了几天，蛹上出现了一道小裂缝儿，里面的蝴蝶挣扎了好长时间，身子似乎被卡住了，一直出不来。天真的孩子看到蛹中的蝴蝶痛苦挣扎的样子十分不忍，于是，他便拿起剪刀把蛹壳剪开，帮助蝴蝶脱蛹而出。然而，由于这只蝴蝶没有经过破茧前必须经过的痛苦挣扎，以致出壳后身躯臃肿，翅膀干瘪，根本飞不起来，不久就死了。

　　这个故事说明了一个人生道理，即痛苦和挫折是一个人成长必经的过程，只有经得起磨炼，才能收获幸福。正如苏联作家奥斯特洛夫斯基所说的那样，人的生命似洪水在奔流，不遇着岛屿和暗礁，难以激起美丽的浪花。

　　每个人在成长的过程中都会遇到挫折，能够直面挫折、调节自我，拥有把挫折转化为动力的能力，保持完整的人格和心理平衡，是心理健康的重要标志。

第一节 什么是挫折

你是否时常感觉自己受到了某种说不清、道不明的障碍或者干扰？你是否经常莫名地失望、痛苦、沮丧，甚至意志消沉而不思进取？你是否因困难太多而惶惶不安？你是否想过挫折到底是什么，而那些所谓的挫折又是缘何而来的？

一、挫折的含义

心理学认为，挫折是指个体在从事有目的的活动中遇到了障碍或干扰，导致其动机不能实现、需要不能满足时产生的情绪反应。

挫折是人的一种心理状态。人生难免有挫折，有的人在挫折中成长为响当当的人物，有的人在挫折中一蹶不振。

挫折能给我们带来什么，取决于我们如何看待它、对待它。

挫折包括以下三个要素：

一是挫折情境，即指对人们有动机、有目的的活动造成内外障碍或干扰的情境状态或条件，构成刺激情境的可能是人或物，也可能是各种自然、社会环境。

二是挫折认知，即指对挫折情境的知觉、认识和评价，是主观上的感受。

三是挫折反应，即指个体在挫折情境下所产生的烦恼、困惑、焦虑和愤怒等负面情绪交织而成的心理感受，即挫折感。

其中，挫折认知是核心因素，挫折反应的性质及程度，主要取决于挫折认知。

正如法国小说家巴尔扎克所说的那样，世上的事情，永远不是绝对的，结果完全因人而异。苦难对于天才来说是一块垫脚石，对于能干的人来说是一笔财富，而对于弱者来说是万丈深渊。

★名人名言★

种子不落在肥土而落在瓦砾中，有生命力的种子决不会悲观和叹气，因为有了阻力，才有磨炼。

——夏衍

即使跌倒一百次，也要一百零一次地站起来。

——张海迪

困难与折磨对于人来说，是一把打向坯料的锤，打掉的应是脆弱的铁屑，锻成的将是锋利的钢刀。

——契诃夫

二、挫折心理形成的主要原因

中职生挫折心理形成的原因有很多，从总体上可概括为两个方面，即客观因素和主观因素。

生活环境艰苦、所学专业不理想、教学条件较差、同学关系紧张、考试成绩不理想、家庭和个人的异常事故、学校管理水平和教育方式欠妥，以及社会政治、经济、文化、法律、道德、风俗习惯的限制等，都是中职生挫折心理形成的客观原因。

个人生理和心理条件的限制、基础知识的薄弱、体力能力和智力上的不足、思想方法的片面和思维方式的局限，以及个人的动机冲突等，都是中职生挫折心理形成的主观原因。

挫折感的产生，主要有以下五个方面的原因：

（一）自然环境原因

自然环境原因是指非人力所能及的一切客观因素。例如，自然灾害、台风、地震、酷热、洪水、疾病和事故等，对于中职生来说，疾病、家庭遭受自然灾害导致贫困等都可以导致挫折。又如，正当踌躇满志的学生收到一个极有影响力的工作单位的面试通知，设想着美好前程之时，一场突如其来的疾病使他不能参加面试，从而丧失了应聘良机而产生的失落感。

（二）社会环境原因

我国正处于经济快速发展时期，随着经济环境的变化，社会各方面也发生了巨大变化，也就是说，既有的生活方式、价值观念、评价体系和行为模式等正在发生根本性的变化。

在客观上，这种深刻的社会变革会给当代学生的心理带来深刻的影响。

在社会转型时期，社会对学生的评价、用人单位对毕业生的需求都发生了变化，中职生毕业后会面临更为激烈的职业竞争，这在一定程度上会使他们的心理遭受巨大的挫折，尤其是对于长线专业或非名牌学校的学生来说，其心理反应更为强烈。

（三）家庭环境原因

家庭的一些潜在或显性的条件，如家庭的自然结构、家庭的人际关系、家庭的教育方式，以及家长的素质等，对中职生的心理都有直接或间接的影响。

有关研究表明，中职生的不少心理问题是与家庭生活的不良背景、早期不良的家庭生活经历联系在一起的。

自小娇生惯养和过分受保护、被溺爱的中职生进入学校后，更容易产生心理挫折；家庭贫穷、双亲不和或单亲家庭的中职生，由于父母对他们过分管制或放任不管，有些人就表现得蛮横无理或做出一些违背社会规范的反常举动；有些中职生表现出内向、孤僻的性格，很少与人交往，不易表露感情，郁郁寡欢，也容易产生心理挫折。

（四）自我认知原因

在校中职生的年龄为15～18岁，在生理上，他们多数已经发育成熟，但其心理发育远没有成熟，仍有一定的幼稚性、依赖性和冲动性。同时，由于缺乏社会经验，中职生往往不能正确地认识自我：当取得一点成功时，自我评价偏高；而当遇到挫折与失败时，就会产生失败感或焦虑、苦恼的情绪，低估自己，甚至自我怀疑与否定。还有少数中职生的自我评价是消极的、被动的，一遇到困难、阻碍，便觉得"一切都没有意思"，结果就会变得畏缩不前，失去前进的动力。

（五）人际交往原因

大多数中职生思想活跃、精力充沛、兴趣广泛，人际交往需求极为强烈，他们力图通过人际交往增长见识、获得友谊。由于他们在习惯、文化背景、性格和价值观等方面存在差别，所以在入学以后都会面临全新的人际关系问题。

调查显示，大部分中职生都遇到过人际交往挫折，这说明由于人际交往而产生的挫折在中职生中是普遍存在的，这应引起学生工作者的高度重视，及时采取有效措施，帮助中职生正确处理人际关系，减少因人际交往障碍而产生的心理挫折。

三、挫折的种类

（一）按照挫折的程度，分为一般挫折和严重挫折

一般挫折是指挫折带给个体的心理压力和消极情绪比较少，并且可以通过个体的自我调节得到缓解。它对学习、工作和生活的影响不是很严重，例如一次考试没考好、应聘失败等。

严重挫折是指对个体生活有重大影响的挫折，这种挫折甚至能改变人的一生。它会给个体带来很大的精神痛苦和心理压力，使个体表现出较强烈的情绪和行为反应。

中职生遭受严重的挫折，往往会导致心理障碍，仅通过自我调节可能无法全部消除，需要进行心理咨询或治疗。

如果几个一般挫折同时出现或相继出现，也往往可以转变成严重挫折。一般而言，一般挫折和严重挫折是相对而言的，对于同样的事，在某些人看来是一般挫折，而在另外一些人看来却是严重挫折。

（二）按照挫折的现实性，分为真实挫折和想象挫折

真实挫折是指挫折已经降临，挫折情境是真实的。

想象挫折是指挫折并未降临，是当事人对未来可能产生的受挫情境和后果的想象。伴随想象，当事人会表现出相应的情绪反应、行为反应，以及烦恼、沮丧、紧张、焦虑、逃避和攻击等。

（三）按照对挫折的心理准备程度，分为意料中挫折和意料外挫折

意料中挫折是指已有察觉或已有一定戒备后遇到的挫折，如亲人久病而亡。

意料外挫折是指在毫无准备的状态下突然遭受的挫折，如突发事件引起的意外事故对人的挫折。

意料外挫折对个体的影响更大，给予个体的心理压力更大。

★课堂活动★

1.想一想最近有没有让你感到不开心的事，分析一下，这些对你来说是不是挫折。

2.列出未来五年你可能遇到的挫折，想象一下，你会如何应对。

课后练习

1.什么是挫折？

2.挫折心理形成的主要原因是什么？

第二节 如何应对挫折

一、受挫后的心理表现

心理防御机制是个人在遭受挫折和冲突情境时，在其内部心理活动中具有的自觉或不自觉地解脱烦恼、减轻内心不安，以恢复情绪平衡与稳定的一种适应性倾向。

一般来讲，心理挫折的反应方式可以分为两大类，即积极心理防御和消极心理防御。

（一）积极心理防御

积极心理防御是正视挫折、承认挫折，正确分析挫折产生的主客观原因，总结经验教训，争取积极的行为方式，最后战胜挫折。其主要表现为坚持、表同、补偿和升华。

1.坚持

坚持是指个体发现目标难以达到，要求自己做出加倍努力，并要求通过个体的不断努力，使目标最终实现。

电影《阿甘正传》中的主人翁阿甘的智商并不高，他面对挫折的方法就是忽视它并坚持不懈地努力，最后赢得了人们的尊重，过上了自己想要的生活。正如有的学者所说的那样，成功就在于最后的坚持之中。

2.表同

表同是指个体在现实生活中无法获得成功时，将自己比拟为某一成功者，借以在心理上减弱挫折产生的痛苦；或者迎合能满足自己需要的人，按照他们的希望去支配自己的思想和行动，来冲淡自己的挫折感，并以此求得内心的满足。

当一个人在没有获得成功和满足而遭受挫折时，将自己想象为某一位成功者，效仿其优良品质和其获得成功的经验与方法，能够使这个人的思想、信仰、目标和言行更适应环境和社会要求，可以增强这个人的自信心、减少挫折感。

3.补偿

补偿，即当个体行为受挫时，或因个人某方面的缺陷而使目标无法实现时，往往以新的目标代替原有目标，以其他方面的成功来补偿因失败而丧失的自尊与自信。这就是人们常说的"失之东隅，收之桑榆"。

4.升华

升华，即用一种比较崇高的具有创造性和建设性的目标代替，借以弥补因受挫而丧失的自尊与自信，减轻痛苦。

升华是最积极的行为反应，自古至今演绎出许多佳话，例如"文王拘而演《周易》；仲尼厄而作《春秋》；屈原放逐，乃赋《离骚》；左丘失明，厥有《国语》；孙子膑脚，《兵法》修列"。

（二）消极心理防御

消极心理防御是指遭受挫折后所表现出来的带有强烈情绪色彩的非理性行为。

常见的消极情绪行为方式有以下几种：

1.固执

固执，即当个体一而再、再而三地遭受同样的挫折，就会慢慢失去信心、失去随机应变的能力，而形成刻板的反应方式，盲目地重复同样无效的行为。

2.退化

退化，又称回归，是指当个体遭受挫折时，往往表现出与自己的年龄和身份很不相称的幼稚行为，或盲目地轻信他人、跟从他人等。

表现出这种行为方式的中职生，往往对自己缺乏信心。

3.逆反

逆反，用通俗的语言来说，就是"你要我朝东，我偏朝西"。一般来说，个人的行为方向与他的动机方向应当是一致的。

4.攻击性行为

攻击性行为是指人遭受挫折后，在情绪和行动上会产生一种对有关人或物的攻击性的抵触反应，以消除挫折带来的痛苦。

攻击是一种破坏性行为，这种行为可分为直接攻击和转向攻击。

直接攻击是一个人受到挫折以后，把愤怒的情绪直接发泄到使之受挫的人或物上，如学校里发生的打架斗殴、损害公物等现象。

转向攻击是指心理应对的一种方式，如人在愤怒或遭遇挫折时攻击无关的人或物的现象。

5.轻生

轻生是受挫以后表现出的一种极为消极的行为反应。在现实中，在那些挫折打击来得突然，并且得不到外力帮助的情况下，中职生可能会自暴自弃，产生轻生厌世、自杀自残的行为，以此来获得内心痛苦的解脱。

★ 资料链接★

> 无论是平凡的人，还是名人、伟人，都会遇到不同的挫折，例如中国残奥委员会主席、中国作家协会第九届委员会委员张海迪。
>
> 张海迪，1955 年在山东省济南市出生，5 岁患脊髓血管瘤导致高位截瘫。她虽然没有机会走进校门，却发奋学习，学完了小学、中学的全部课程，自学了大学英语、日语、德语，并攻读了大学课程和硕士研究生课程。
>
> 1983 年，张海迪开始从事文学创作，翻译了《海边诊所》等数十万字的英文小说，出版了《向天空敞开的窗口》《生命的追问》《轮椅上的梦》等书籍，获得了全国"五个一工程"图书奖。

事实上，任何事情都有两面性，既有积极的一面，又有消极的一面，挫折也是如此。

从消极方面看，一个人在遭受挫折时，就挫折事件而言，是令人痛苦的；从积极方面看，人若能在挫折面前冷静下来，沉着面对，挫折就可能成为激励人奋发前进的力量，在与挫折抗争的过程中，自己的性格和意志得到磨炼，使自己在挫折中成熟起来，挫折就可能成为自己的转折点。

因此，挫折是一种困境，也是一个机会，人只要能坦然面对挫折，并树立战胜挫折的信心，就可能从困境中解脱出来。

那么，中职生该如何战胜挫折呢？

二、理性应对挫折

人生难免会遇到挫折，没有经历过失败的人生，不是完整的人生。法国小说家巴尔扎克说："挫折和不幸，是天才的进身之阶，信徒的洗礼之水，能人的无价之宝，弱者的无底深渊。"生活中的失败与挫折既有不可避免的一面，又有正向和负向功能，关键在于怎样面对挫折。

（一）从容面对

面对挫折，与其闪避、畏惧、排斥，不如迎难而上。面对不可拒绝的挫折，唯一可取的态度是从容面对，如果进而能够快乐地掌控挫折带来的烦恼，那么一次"创伤"就会变成一颗宝贵的"珍珠"。

（二）适度宣泄

面对挫折，有人惆怅，把痛苦和沮丧埋在心里，有人则选择倾诉。如果心中苦闷，不妨找一两个亲近的人，把心中的话倾吐出来，这样，不健康的情绪就能得到宣泄。

宣泄是一种自我心理救护，它可以清除因挫折而带来的精神压力。当然，宣泄应当适度，讲究方式方法。

（三）适当取舍

面对现实的种种诱惑，许多人便烦恼丛生。有的时候，我们将奋斗目标定得过高；有的时候，我们将奋斗目标定得过多。

目标过高或者过多，都是我们遭受挫折的重要原因，无论是前者，还是后者，都会使我们深感心有余而力不足，最后都可能导致我们迷失方向，走向绝望。

面对种种诱惑，聪明的办法是学会取舍，不必事事争第一，舍弃自己还不具备能力和条件去达到的目标并不是坏事。

塞翁失马，焉知非福。只有明智地取舍，才能摆脱无谓的烦恼，拥有自在的生活。总之，有些挫折看上去很可怕，但更可怕的是我们对它的屈服。

对付挫折有许多办法，可以尝试着踏平它、跨过它；对于那些既不能踏平，又不能跨过的挫折，我们就绕过它；有些挫折是不能磨平消尽的，对待它的根本方法是正视它、感悟它。

中职生应该建立积极的心理防御机制，增强自己的耐挫力，以适应社会的发展。

★ **课堂活动**★

制定一个自我成长规划，确定长期、中期和近期的奋斗目标。

目标设定既要充分考虑自己的兴趣、能力和各种积极因素，又要考虑可能遇到的困难和消极因素，还要有落实的具体措施和步骤。

对计划的落实情况，每周都要做一个自我检查：一是督促自己；二是及时根据现实情况对计划目标进行适当调整；三是寻求必要的帮助，从而保证目标的实现。

剖析自己在执行这份计划时所遭受的某次挫折，正视自己当时的心理状态，评价自己对挫折的承受能力和解决问题的能力，必要时，可以向心理老师或心理医生咨询。

课后练习

1.受挫的表现是什么？

2.如何理性面对挫折？